내가 예민한 게 아니라
네가 너무한 거야

내가 예민한 게 아니라
네가 너무한 거야

유은정 지음

*Psychological
Therapy*

BM (주)도서출판 성안당

"

다 너를 생각해서 하는 말이니까
너무 기분 나쁘게 듣지는 마

"

feat. 그 입은 다무는 게 좋겠어

《혼자 잘해주고 상처받지 마라》를 출간한 뒤 많은 사람에게서 "상처를 받지 않으려면 도대체 어떻게 해야 하느냐?"라는 질문을 받았다. 그들은 타인이 자신의 영역을 침범해도, 상대가 거침없이 공격해 와도 딱히 대응할 능력이 없어 매번 같은 자리에서 넘어진다고 말한다.

결국 경계^{boundary}의 문제다. 나와 다른 사람 사이에 존재하는 심리적 경계선을 지키지 못해 발생하는 문제인 것이다. 쉽게 예를 들어 보자.

오늘따라 아침부터 유난히 배가 고파서 오전 내내 점심시간만 기다렸다. 그런데 따끈한 국물을 한 수저 뜨기 전, 갑자기 옆 사람이 내 점심에 젓가락을 들이민다고 생각해 보라. 순간 입맛이 떨어지고 상대에 대한 불쾌감이 몰려올 것이다. "아, 나 좀 기분이 나쁜데…"라며 불편함을 표현하는 당신에게 "알았어! 안 먹으면 되잖아. 별것도 아닌데 왜 이렇게 예민하게 굴어"라고 상대가 말한다면 어떤 생각이 들겠는가?

개인의 영역을 침범하는 것도 모자라 상대의 감정을 축소시키고 읽어내려 하지 않는 사람과 마주 앉아 있는 건 그리 유쾌한 일이 아니다.

평소 깊은 우물처럼 감정을 드러내지 않던 당신이 정색하고 이의를 제기했을 때 상대가 취하는 행동을 살펴보라. 그들은 결코 가볍지 않은 당신의 감정을 1회용 마스크처럼 아주 가벼운 것으로 만들어 버릴 것이다. 농담을 농담으로 받아들이지 못하는 사람으로 당신의 감정을 축소시키거나, 호의를 호의로 받아들이지 못하는 답답한 사람으로 만들거나, 예쁜 동생처럼 생각해서 하는 말을 고깝게 듣는 배배 꼬인 사람으로 몰아갈 것이다.

그들은 자신의 무례함을 상대의 예민함으로 둔갑시키고, 자신의 배려 없음을 상대의 옹졸함으로 덮어씌우는 데 탁월한 능력을 발휘한다. 그래서 본인이 잘못해도 그 잘못이 자신이 아니라 상대에게 있는 것처럼 순식간에 상황을 역전시켜 버린다. 분노는 또렷해지는 데 반해 '나'만 희미해지는 최악의 상황이자 가해자와 피해자가 뒤바뀌는 기막힌 순간이기도 하다.

개원 초기, '왜 치료가 필요한 가해자가 아니라 안타까운 피해자만 병원을 찾아오는 걸까?'라는 생각이 들어 답답했었다. 하지만 이제는 그 이유를 안다. 타인의 에너지와 시간, 노력과 정성을 자연스럽게 훔치는 감정 뱀파이어들은 답답할 게 없다. 자신이 하기 싫은 것은 다른 사람을 시키고, 빼앗고 싶은 게 있으면 수단과 방법을 가리지 않고 자기 것으로 만드는 사람들이기 때문이다. 그들은 마지막까지 자신이 관계의 주도권을 쥐고 있다는 사실을 잊지 않는다.

"내가 솔직해서 그래. 다 너를 생각해서 하는 말이니까 너무 예민하게 받아들이지 마."

관계 등가교환의 법칙

그러나 그들이 한 말을 잘 살펴보라. '너를 생각해서' 하는 말이라고 하지만 자세히 들여다보면 '나를 생각해서' '나를 위해서' 하는 말인 경우가 많다. 자신을 위해 양보하고, 자신을 배려하고, 자신을 위해 조용히 쭈그려 앉아 있으라는 의도가 숨어 있는 말이기에 우리가 예민하게 반응하는 것이다.

나는 지금까지 판돈도 없으면서 남의 인생을 담보로 도박하려는 사람을 많이 봐 왔다. 다른 사람의 좌절에 위로를 받고, 다른 사람의 불행에 행복감을 느끼고, 다른 사람의 노력을 운으로 후려치고, 다른 사람의 의지를 꺾어 무기력의 구렁텅이로 몰아넣은 채 그 절망을 밟고 올라서는 사람들. 그들은 힘들게 다이어트에 성공한 사람에게 "급하게 살을 빼면 100퍼센트 요요가 온다"라고 말하고, 대학입시에 성공한 자녀를 둔 사람에게 "인 서울이 아니면 어때. 대학 졸업장만 있으면 되지"라고 말하고, 새 차를 뽑아 한껏 들떠 있는 사람에게 "아이고, 그 돈이면 조금 더 보태서 외제차를 사지"라고 이야기한다.

감정 착취자들은 도박꾼과 같다. 도박꾼이 화투의 '쪼는 맛'에 중독되듯 다른 사람의 숨통을 쪼는 맛에서 쉽게 벗어나지 못한다. 그런데 말이다. 다른 사람의 인생을 밑천으로 도박을 하려면 자신의 인생도 함께 걸어야 한다. 그것이 관계 등가교환의 법칙이다.

세상에서 가장 쉬운 건 회피와 방관, 침묵과 도피다. 겸손과 주눅을 구분하지 못하는 사람일수록 불편한 상황을 만나면 무조건 도피하려고 든다. 물질적 가난은 습관을 궁색하게 만들지만 정신적 가난은 의지를 빈곤하게 만들기 때문이다. 내 감정의 영토를 안전하게 지키려면 침묵과 회피로 일관하려는 태도부터 버려야 한다. 더불어 나 역시 언제든 상대의 감정 영역을 침범하는 가해자가 될 수 있으니, 각자가 서로의 심리적 경계선을 침범하지 않으려는 노력이 필요하다.

따로 또 같이 살아가는 현명한 개인주의자가 되자. 그래야만 우리의 관계는 더 이상 공허하지 않을 것이다.

인생의 혹한기를 건너고 있는 당신과 나의 건투를 빌며
2020년 가을 유은정

차 례

chapter 4.

도대체 힘은
어떻게 내는 건가요?

feat. 용기가 필요한 당신을 위한 심리 테라피

chapter 5

님아,
그 선을 넘지 마오!

feat. 확신이 필요한 당신을 위한 심리 테라피

내가 예민하다고?
네가 너무한 게 아니고?

feat. 내 편이 필요한 당신을 위한 심리 테라피

너까지 행복하면 내가 너무 속상하니까,
너는 불행했으면 좋겠어

내담자들을 보면 자기 자신을 공격하는 수식어 몇 가지가 있는데, 대표적인 것이 '예민하다'는 표현이다. 예민한 사람은 크게 두 가지로 나뉜다. 첫 번째는 본래 가진 뜻처럼 기질적으로 '예민한 사람hyper sensitive person'이고, 두 번째는 주변의 환경이나 상황, 당면한 문제로 말미암아 뾰족해질 수밖에 없는 '예민한 상태sensitive condition의 사람'이다.

이 책에서 말하는 예민함은 선천적이고 기질적인 예민함이 아니다. "별것 아닌 일로 왜 이렇게 예민하게 굴어!"라고 타인이 무심코 집어던진 공을 덥석 받아 든 채 "마이 볼"을 외치는 두 번째 경우에 대해 말하고자 한다. 정서적 폭력을 입힌 가해자와 심리적 내상을 입은 피해자가 뒤바뀌는 드라마틱 한 순간이기 때문이다.

행동은 습관, 말은 인성,
인상은 성격, 관상은 과학

20대 여성 선하 씨는 오랜만에 대학 동기들과 모인 자리에서 황당한 경험을 했다. 친구들과 한창 수다를 떨고 있는데, 고향에서 중·고등학교를 함께 나온 친한 친구가 갑자기 선하 씨의 주거환경을 화제로 올린 것이다.

"선하가 지방에서 올라와 고시원 생활을 하고 있잖아. 대단하지 않니? 나는 절대 고시원에서는 못 살 것 같아."

그 순간 선하 씨는 엄청난 부끄러움을 느꼈다고 한다. 고시원에 산다는 게 문제가 아니라 본인 뜻과 상관없이 상황을 아웃팅당했으니 그럴 만도 했다. 고시원에서 못 살겠다고 외쳤던 친구는 현재 서울 이모집에 얹혀사는 중이다.

15년 동안 알고 지낸 그 친구는 선하 씨가 먼저 원하는 회사에 취업하고 나자 정서적인 공격을 가하기 시작했다. 그녀가 연애를 시작하고 난 후에는 무분별한 경계 침범이 더욱 심해졌다.

친구는 문구 덕후인 선하 씨가 모아 놓은 볼펜을 보며 "그 깟 볼펜 모아 어디다 쓰겠어. 좀 더 어른스러운 취향을 가져 보는 건 어때?"라고 권유했다. 선하 씨가 남자친구와 관람하기 위해 예매한 뮤지컬 티켓을 보고는 "그걸 왜 이제야 보는 거야"라며 안타까워 했으며, 그녀가 어학원에 다니는 것을 알고는 "그 학원은 별로야"라며 자신의 고급 정보를 알려주었다.

자, 선하 씨를 끔찍하게 생각해주는 친구의 말을 뒤집어 보자. 그녀는 선하 씨의 문구 모으는 취미를 '어른스러운 취향이 아니라는 말'로 폄하시키고, 뮤지컬 관람에 대한 기대감으로 한껏 들떠 있는 선하 씨의 순수한 행복감을 상실감으로 전복시켰다. 그것도 모자라 열심히 알아보고 등록한 어학원에 대해 "그 학원은 별로야"라며 선하 씨의 선택에 의심을 심어줬다. "그까짓 것" "난 별로" "겨우" "아이고" 등 몇 마디 추임새로 선하 씨의 정서적 영토를 무너뜨린 것이다. 이

것이 바로 흔히 말하는 우정 사기다.

논리적 대안, 합리적 의심, 진정한 위로라고 속삭이는 사람들의 말을 한 마디로 정리하면 다음과 같다.

"너까지 행복해지면 내가 너무 속상하잖아. 그러니까 다른 사람은 몰라도 너는 나보다 행복하면 안 돼. 너만큼은 계속 불행했으면 좋겠어."

이쯤 되면 행동은 습관, 말은 인성, 인상은 성격, 관상은 과학이지 싶다.

또 다른 개와 늑대의 시간, 프레너미

요즘 진료실에서 만난 사람들 가운데 상당수가 프레너미 frenemy에 대한 고민을 토로한다. 프레너미는 친구friend와 적 enemy의 합성어로, 곁에 있는 사람이 자신의 행복을 빌어주는 진짜 친구인지, 친구라는 이름으로 머물지만 시기와 질투를 남발하는 적인지 알 수 없을 때 사용된다. 개인적으로 프레너미는 친구의 존재를 증명해주는 사람이 아니라 존재의 부재를 원하는 사람이라고 정의하고 싶다.

프레너미는 대부분 감정 착취자이자 감정 포식자다. 한 마디로 감정 뱀파이어라고 할 수 있다. 이들은 묵은 먼지 가득 찬 방 바닥에 누워 시기와 질투, 분노, 동정, 연민 등을 통해 어떻게든 상대를 자신과 같은 바닥으로 주저앉히려고 든다. 애써 한 발자국 내디뎌 보려는 사람의 발목을 붙잡으며 "연애하더니 사람이 변했어" "집값 좀 올랐다고 잘난 척 하는 거야" "부모 잘 만나 인생 편하게 사네"라고 비아냥거린다.

이들의 목표는 오직 하나다. 상대를 희생시켜 자신의 열등 감을 해소하고 본인의 우위를 확인하려는 것. 그래서 끊임없이 상대를 흔들어 대며 불안과 두려움을 증폭시키는 것이다.

본진이 공격을 받는데 여유롭게 게임을 진행할 플레이어는 없다. 방어할 때는 극도로 예민해지는 게 당연하다. 예민함이 싫다면 선을 넘지 말아야 한다.

나는 그들에게 묻고 싶다. 무엇을 하고 싶은지, 어떻게 살고 싶다는 목표가 있는지, 자신의 꿈을 이루기 위해 발로 뛰어 본 적은 있는지, 상대에게 진심을 다하고 자신의 일에 전력을 다한 적은 있는지 말이다. 자신이 그렇게 살지 못한다고 해서 꿈틀이라도 해 보려는 사람에게 상실감을 안겨주고 무기력의 구렁텅이로 몰아넣는 비관론은 도대체 누구에게서 배운 것일까? 열심히 사는 사람을 격려하고 칭찬하지는 못할망정 그것을 단순한 운으로 폄하해서는 안 된다. 진지한 생각과 노력을 불편하다고 비웃는 그 버릇이 자기 자신은 물론 주변 사람까지 병들게 하고 있음을 알아야 한다.

지금 당신에게 필요한 세 가지 각오

혹시 지금까지의 글을 읽은 후 조금 복잡한 심경을 느끼는가? 자신 역시 언제든 감정 뱀파이어가 될 수 있음을, 친구를 가장한 적이 될 수 있음을, 예민한 쪽이 아니라 너무한 쪽에 설 수 있음을 알아차렸다면 다소 불편한 생각이 들 수도 있다. 이 글을 쓰는 나 또한 하루에도 몇 번씩 양쪽의 경계를 오고 간다.

나도 늘 친구를 가장한 적이 되지 않기 위해 정신을 바짝

차리려고 노력하지만 무의식적으로 선을 넘어가는 경우가 있다. 의도치 않게 상대가 가진 것을 깎아내리거나 간접적인 공격으로 지인을 당황하게 만드는 식이다. '아, 내가 선을 넘었구나'라는 사실을 깨닫게 되는 순간 머릿속에서는 경고의 사이렌이 울리는데, 상대의 심리적 영토를 침범했음을 자각하는 건 그리 유쾌한 일이 아니다. 그나마 다행스러운 점은 스스로 경계를 넘었다는 사실을 깔끔하게 인정하면 어색한 상황 역시 말끔하게 정리된다는 것이다.

"미안! 순간 네가 부러워서 진심으로 축하해주지 못했던 것 같아. 너도 느꼈지?"

이런 경험을 반복하면 내가 가진 것과 남이 가진 것을 정확히 구분할 줄 알게 되고, 굳이 다른 사람을 폄하하지 않아도 자신의 것이 충분함을 깨닫게 된다. 나와 너의 다름이 보다 쉽게 인정되고 더는 시기와 질투로 에너지를 낭비하지 않게 된다. 정서적으로 엄청난 성장을 이루는 것이다.

그러나 이런 시그널을 읽지 못하는 감정 피착취자들의 상황은 조금 다르다. 무엇보다 선하 씨와 같은 사람들은 뱀파이어가 감정의 울타리를 훌쩍 뛰어 들어와 자신의 앞마당에서 피크닉을 즐기는 것을 멈추게 해야 한다. 이들은 자신이 원할 때 언제든 문을 열고 들어갈 수 있게 당신의 시간이나 감정을 24시간 개방해 놓았을 것이다. 예고도 없이 들이닥치는 것에 지칠 대로 지쳐 "미안한데, 오늘은 그만 좀 돌아가줄래?"라고 말하면 "평소에는 안 그러더니 오늘따라 예민하네" "유머 감각이 없네" "감성충이네" "진지충이야"라고 받아칠 것이다. 친구이기에, 가족이기에 믿고 찾아왔는데 이렇게 상처를 주냐고 하면서 자신의 예의 없음과 무례함에 대한 책임을 오히려 당신에게 돌릴 것이다.

그 친구만 만나면 자꾸 예민해지고 기분이 나빠지는데, 이유를 모르겠다는 선하 씨에게 말했다.

"선하 씨는 지금 이유 없이 예민한 게 아니에요. 친구의 개념 없는 말과 행동이 자꾸 선하 씨를 자극해 신경을 뾰족하게 만들고 있어요. 선하 씨가 예민한 게 아니라 그 친구가 너무한 거예요."

'혼자 잘해주고 상처받는 일'에 지쳤다면 이제는 자신의 감정 영토를 지키는 힘을 키워야 한다. 예민하게 보이지 않을까, 까칠하게 보이지 않을까, 외면당하지 않을까 하는 걱정으로 자신을 방어하고 감정의 영역을 지키는 것에 소극적일 필요는 없다. 상대가 상처받을 줄 알면서도 주의하지 않고, 자신의 무심함과 예의 없음을 상대의 예민함으로 돌리는 사람의 문제지, 당신의 문제가 아니다.

내 감정의 영토에 들어와 주인인 척 앉아 있는 감정 뱀파이어를 몰아내려면 무엇보다 능동적인 태도가 필요하다. 익숙한 관계, 수동적인 마음가짐이 주는 안정감을 버릴 때가 되었다는 뜻이다. 이런 당신에게 필요한 건 단 세 가지다.

첫 번째, 침범당한 내 감정의 영역을 회복하겠다는 '단호함'. 두 번째, 내 기준과 너의 기준은 다르다는 '냉정함'. 마지막으로, 불안의 기운 속에서 뚜벅뚜벅 다가오고 있는 실루엣이 평소 믿고 의지하던 개인지 나의 자존감을 해치러 오는 늑대인지 구분하겠다는 유연한 '결단력'이 바로 그것이다.

자, 이제 개와 늑대의 시간이 시작되었다. 각오를 단단히 하고 싸움을 시작해 보자.

'너를 위해'로 시작한 말이 '나를 위해'로 끝나는 이유

밀레니엄 세대^{1980년대 중반부터 1990년대 중반에 출생한 사람}의 뒤를 이은 Z세대^{1990년대 중반부터 2000년대 초반에 출생한 사람}의 등장은 우리 사회에 신선한 충격을 몰고 왔다. 인구의 약 15퍼센트에 달하는 이들은 98퍼센트 정도가 스마트폰을 보유하고 있으며, 어린 시절부터 접한 미디어와 디지털의 영향으로 IT에 민감하고 트렌드에 예민하다. 오프라인보다 온라인이 익숙하기에 디지털 원주민 또는 디지털 네이티브라고 불리기도 한다.

이전 세대가 이상주의적이었다면 Z세대는 독립적이고 워라밸^{Work-life balance, '워크라이프 밸런스'를 줄인 것으로 일과 개인의 삶 사이의 균형을 이르는 말}을 중시하며 경제적 가치를 우선시하고 공정한 게임과 보상을 원한다. 이상은 언론에서 정의하고 있는 90년대생의 특징이다. 그리고 '싸가지 없다' '이기적이다' '계산적이다' '개인적이다' '합리적이다'라는 평가는 90년대에 출생한 이들과 직장에서 함께 일해 본 사람들이 공통적으로 하는 말이다.

못된 시어머니 증후군을 경험하는 선배들

단군 이래 최고 스펙을 가졌지만 끊임없이 노력을 요구받는 Z세대. 유독 화려한 수식어가 많이 따라다니는 세대이지만, 이런 낙인은 당사자에게 또 다른 폭력이 될 수 있다. 알게 모르게 그들을 타자화他者化. 특정 대상을 다른 존재로 보이게 만듦으로써 분리된 존재로 부각시키는 말과 행동하는 사회 분위기가 당사자에게는 '거리 두기' 시그널로 읽힐 수 있기 때문이다.

특히 기성세대와의 갈등은 거의 전쟁 수준인데, 이 역시 생각해 볼 만한 문제다.

"퇴근하기 20~30분 전부터 유니폼을 갈아입고 화장을 고치고 있더라니까. 칼퇴 못 하면 큰 손해라고 생각하는지⋯. 이래서 90년생, 90년생 하는 것 같아."

관리자라면 충분히 가질 수 있는 불만이다. 그런데 이 말 속에는 "그동안 내가 얼마나 고생했는데 너만 편하게 살려고 그래" "귀한 내 아들을 데려갔으니 그 정도 대가는 당연히 치러야지"라는 못된 시어머니 증후군이 숨어 있는 듯하다. 나 역시 상담을 진행하면서 그들의 유니크한 사고방식에 깜짝 놀랄 때가 있지만 그건 신선한 충격이지 '우리와 전혀 다른 종족'이라고 선을 그을 정도는 아니다.

그래서일까? "너는 합리적이라고 생각하겠지만 사회생활은 그렇게 하는 게 아니야" "다 너를 생각해서 하는 말인데⋯" "우리 때는 말이야⋯"라고 시작하는 조언은 사실 상대를 위한 것이 아니라 말하는 사람 자신을 위한 경우가 많다. 그렇지 않다면 결국 "너를 위해 하는 말인데 (⋯) 나를 위해, 팀을 위해, 회사를 위해 이렇게 해줘"로 끝나는 결말에 대해 어떻게 설명할 것인가.

원시적 형태의 관계에서 비롯된 오해

진화심리학적으로 인간은 낯설고 잘 모르는 것에 대해선 '몬스터' 취급을 하도록 코딩화되어 있다. 이것은 거의 본능에 가깝다. 뇌는 생존을 위해 세팅된 집합체이므로 '낯설고 처음 보는 것'에 대해 경고의 신호를 보낸다. 일정 거리를 두고 실체가 확인되기 전, 안전이 확인되기 전까지는 가까이 다가가지 않으려고 한다.

우리 조상들이 호랑이를 보고 호기심에 무조건 달려들었다면 현 인류는 존재하지 않았을지도 모른다. 그러므로 90년생과 기존 세대의 갈등은 '서로에 대해 제대로 알지 못함'에 따른 원시적 형태의 관계에서 비롯되었다고 할 수 있다.

지금까지 진료실에서 만난 90년생은 이전 세대와 크게 다르지 않다. 그들 역시 그 누구보다 예쁜 외모를 원하고, 부모와의 갈등을 지혜롭게 해결하고 싶어 하며, 오랜 고시생 생활에서 오는 고립감으로부터 벗어나길 원한다.

물론 심리적 문제를 불러오는 환경을 해결하는 접근 방식이 기존 세대와 다른 것은 맞다. 그들의 개인주의는 시대의 변화에 따른 특성일 뿐 취약점이나 개선점이 아니라는 말을 하고 싶은 것이다.

'문제 많은 90년생' VS '주야장천 라떼는 말이야'를 외치는 꼰대들의 전쟁

결이 다른 상대를 받아들이려면 그들을 '하나의 세대'가 아니라 개별적 존재로 보려는 노력이 필요하다. '문제 많은 90년생' VS '주야장천 라떼는 말이야를 외치는 꼰대'의 범주화를 ○○○ 팀장과 ○○○ 사원으로 개별화시켜 보라. 이는 중요한 포인트가 될 수 있다.

얼마 전 한 내담자가 강아지를 입양했다고 해서 말티즈 정도를 생각했다. 그런데 사진 속에서 활짝 웃고 있는 강아지는 '상근이'로 유명세를 탔던 그레이트 피레네였다. 초대형견이 강아지의 범주에 속하자 소형견인 말티즈와 동급이 되어 버린 것이다. 상대를 이해하는 데 개별화가 중요한 이유다.

사회학자들은 개인의 가치관보다 집단의 가치관이 우선시되어야 사회가 조화롭게 돌아갈 수 있다고 말한다. 그러나 이제 우리는 각자도생이 일상화된 뉴노멀시대를 받아들여야 한다. 더 이상 은밀한 전체주의가 들어설 자리는 없다.

마지막으로 사회나 기성세대가 '90년생'이라고 묶어 부르는 것이 정서적 폭력이 될 수 있듯, 신세대가 기성세대를 '꼰대화'라는 카테고리로 묶는 것 역시 주의해야 한다. 그리고 소위 꼰대가 하는 말이라고 해서 모두 쓸데없는 잔소리는 아니다. 분명 당사자에게 도움이 되는 조언도 많다. '기성세대=꼰대'라는 프레임에 갇혀 이를 놓치는 건 분명 손해다.

무엇보다 주관과 독단은 다르다. 주관은 자기만의 견해와 관점을 나타내는 반면 독단은 객관적 근거를 외면한 채 혼자 판단하거나 결정하는 것을 말한다. 현명한 주관은 필요하지만 위험한 독단은 경계해야 한다.

진료실에서도 자신에게 필요한 말이라는 생각이 들면 악착같이 챙기는 사람이 있는 반면, 아무리 필요한 말을 해줘도 가져가지 못하는 사람이 있다. 당연히 전자의 예후가 훨씬 좋다. 다만 앞서 이야기했듯 "너를 생각해서…"로 시작한 말이 "나를 위해…" "우리를 위해…"로 마무리된다면 과감하게 무시해도 된다. 그것이야말로 아무 쓸모없는 꼰대소리일 테니 말이다.

잘 지내고 싶은 것일까,
잘 보이고 싶은 것일까?

《혼자 잘해주고 상처받지 마라》를 출간하고 나서 가장 많이 받은 질문이 있다. "관계에서 사람들이 크게 상처받을 때가 언제인가?"라는 것이다. 책을 출간할 때만 해도 상처에 대해 추상적·관념적으로 생각했는데, 반복적인 질문에 대답하다 보니 자연스럽게 답이 정리되었다. 바로 타인의 관심이나 인정에서 자신이 밀려나 있음을 깨닫는 순간 밀려오는 '상실감'에서 비롯된다.

이해받지 못한다는 위축감과 무시당했다는 수치심이 불러온 상처는 생각보다 크고 깊다. 사람만 보면 반갑다고 배를 뒤집고 꼬리를 흔드는 강아지처럼 경계심 없이 다가갔는데, 함부로 대해도 되는 사람이나 만만한 사람으로 낙인찍힌 것을 깨달은 순간 관계는 물론 자의식과 자존심까지 무너진다. 자신이 타자의 욕망을 만족시키는 꼭두각시로 전락했다는 사실을 알게 된다는 건 그리 기분 좋은 일이 아니다.

무리 없는 건강한 관계 맺기를 하고 싶다면 무엇보다 관계에서 오는 자신의 욕구를 명확히 알아야 한다. 상대와 '잘 지내고 싶은 것'인지 상대에게 '잘 보이고 싶은 것'인지 구분해야 한다는 말이다.

상대와 잘 지내고 싶은 마음은 갑을 없는 수평적 관계를 추구하지만, 잘 보이고 싶은 마음은 자신도 모르게 수직적 관계를 만든다. 무의식적으로 상대의 눈치를 살피게 되고 상대가 원하지 않은 친절을 기꺼이 베풀게 된다. 어쩌면 관계라는 속성 자체가 상대와 잘 지내고 싶은 마음과 상대에게 잘 보이고 싶은 마음 사이의 줄다리기일지도 모르겠다. 오늘은 전자의 입장에 있지만 내일은 후자의 입장에 처할 수도 있는 일이다. 우리의 마음은 늘 그렇게 시소를 탄다.

싹수 있는 사람 VS 싸가지 없는 사람
◇◇
아찔한 한 끗 차이
◇◇◇◇◇◇◇◇◇◇◇◇◇◇◇◇◇◇◇◇◇◇◇◇◇◇◇◇

대학교 2학년인 연희 씨는 조별 과제에 대한 공포심이 심하다. 중·고등학교 때 삼삼오오 모인 친구 사이에서 '적응의 어려움'을 겪었는데, 그때의 일이 그녀에게 존재 증명의 두려움을 안겨줬다. 인간은 원래 동질감보다 이질감에 호기심을 보이고, 자신과 다르다는 게 인식되면 수용이 아니라 차별을 하기 시작한다.

이런 속성을 잘 알고 있었던 연희 씨는 대학 생활에서만큼은 차별이 아닌 수용을 받고 싶었다. 겁이 많고 소심한 성격이지만 과거의 상처에서 벗어나 무대의 주인공, 아니 자기 삶의 주인공이 되기를 원했다.

결국 연희 씨는 동기들에게 잘 보이고 싶은 마음에 또다시 마음의 경계를 허물어 버렸다. 동기들과의 약속을 칼같이 지키고, 과제를 대신해주고, 도서관 자리를 양보해주는 행동으로 자신의 존재를 인정받으려고 했다. 그러나 중·고등학교 때와 다른 선택적 따돌림을 당하게 되었다. 동기들은 연희 씨의 희생이 필요할 때만 그녀를 찾았고, 착한 친구라는 프레임을 덧씌워 그녀를 옴짝달싹 못하게 만들었다.

그제야 연희 씨는 깨달았다고 한다. 동기들과 '잘 지내고 싶은 마음'이 '잘 보이고 싶은 마음'으로 잘못 발현되었다는 것을. 그리고 자신은 에너지가 많은 사람이 아니라서 다인관계를 감당할 수 없다는 사실을 말이다. 그 일을 통해 연희 씨는 또 다른 인생의 교훈을 얻기도 했다.

험한 세상을 살아가기에는
제 멘탈이 너무 약한 것 같아요

"교수님들도 인정할 정도로 싹수없는 동기가 있는데, 어느 날 그 친구가 계단에서 구른 미화원 아주머니를 병원으로 모시고 갔어요. 자기 차가 있었거든요. 그러자 사람들이 '걔가 원래 싹수는 있었어'라고 하는 거예요.

그런데 선생님, 지금까지 조별 과제 PPT를 저 혼자서 다

만들었거든요. 얼마 전 집안에 일이 있어 PPT를 못하겠다고 했더니 내가 자기들 뒤통수를 쳤다고 뭐라고 하더라고요. 이 험한 세상을 살아가기에는 제 멘탈이 너무 약한 것 같아요."

평소 이기적이던 사람이 어쩌다 한 번 의식 있는 행동을 하면 '싹수 있는 사람'이 되고 평소 배려심이 많던 사람이 단 한 번 거절 의사를 밝히면 '뒤통수를 친 사람' '싹수없는 사람'이 되어 버린다.

나는 진료실에서 이런 사례를 무수히 봐 왔다. 그래서 사람들에게 잘 보이고 싶다는 욕구를 버리고 잘 지내는 데 관계의 에너지를 집중하라고 말한다. 인정받고 싶은 욕구가 존중받고 싶은 욕구를 압도할 때 여러 가지 문제가 시작되기 때문이다.

연희 씨가 사람들과 잘 지내려면 무엇보다 '인정의 욕구'와 '표현의 욕구'를 구분할 수 있어야 한다. 인정을 받으려면 표현해야 하는데, 연희 씨처럼 자신의 감정이나 욕구를 표현하는 데 서툰 사람이 있다. "그건 좀 별로지 않아요?" "제 생각은 다른데요"라는 말 한 마디를 공문서에 지문 찍듯 힘을

줘야만 할 수 있는 사람들이다.

스포트라이트를 받고 싶은 욕구가 100이라고 했을 때 최소 30 정도는 표현되어야 하는데 이들은 10도 표현하지 못한다. 표현하는 데 따른 두려움이 소외당하는 두려움을 압도하는 것이다.

담대하지만 담담하게,
단순하지만 단단하게

갓난아기가 악을 쓰며 우는 이유는 배가 고프거나 기저귀가 불편하거나 잠이 오기 때문이다. 단순한 이 세 가지 욕구를 충족하기 위해 아기들은 목에 핏대를 세운 채 얼굴이 벌게지도록 운다. 이런 면에서 보면 본능에 충실한 아이가 어른보다 낫다.

연희 씨처럼 자신의 생각이나 의사를 드러내는 게 서툰 사람이라면 마음의 말, 내면의 말을 문장으로 기록한 뒤 입 밖으로 소리 내는 연습을 해야 한다. "그 의견도 좋긴 한데,

제가 조금 다른 의견을 내도 될까요?" "무슨 말씀인지 알겠습니다만, 저한테는 좀 예민한 문제라서요. 생각을 정리한 뒤 다시 말씀드리면 어떨까요?" 등 평소 자신이 쉽게 입 밖으로 꺼내지 못하는 말을 소리 내어 해 보는 것이다.

내면의 말이 중요한 이유는 그 속에 개인의 관점, 가치관, 판단, 느낌, 감정 등이 담겨 있기 때문이다. 따라서 이 카드를 제대로 사용할 줄 알면 표현의 욕구 불만을 어느 정도 해소할 수 있게 된다.

내면이 여린 사람은 상황을 모면하기 위해 자신도 모르게 빈말을 내뱉는 경우가 많다. 빈말은 자신의 욕구가 1도 들어가 있지 않은 말, 속이 비어 있는 말이다. 자신의 말을 아무 의미 없이 집어먹는 주전부리로 만들지 마라.

자기 삶에 주인공이 되고 싶지 않은 사람은 없다. 부끄럽고 소심하고 창피해서 주목받는 걸 싫어한다고 말하는 사람도 모임에서 일명 '쩌리'가 되면 불편함과 불쾌감을 동시에 느낀다. 사람들의 호기심 어린 눈길에서 유발되는 '쫄깃한 긴장감'과 그 누구의 관심도 받지 못한 채 장식품처럼 방치

되는 '불쾌한 느긋함' 중 무엇을 선택하겠는가?

문제는 어떤 주인공이 되느냐 하는 것이다. 맑은 호수에 반사되는 햇살처럼 눈부신 주인공이 될 것인지, 어두운 바닷길을 밝혀주는 든든한 등대 같은 주인공이 될 것인지를 결정해야 한다. 대부분 화려한 스포트라이트를 받는 자리를 원할 것 같지만, 의외로 많은 사람이 '담대하지만 담담한, 단순하지만 단단한 주인공'을 원한다.

다른 사람들의 욕망을
만족시키는 꼭두각시

"여자라면 두 가지를 갖춰야 한다. 첫 번째는 품격 있고 매혹적인 태도, 두 번째는 자신이 누구이고 무엇을 원하는지 아는 것이다"라는 말을 남긴 '코코' 가브리엘 샤넬은 패션의 흐름을 바꿔 놓은 인물로 유명하다. 당시 패션계에는 샤넬만큼 큰 영향력을 가진 한 여성이 있었다. 마들렌 비오네 Madeleine Vionnet다. 세계 최초로 옷감의 각도에 변화를 준 바이어스 재단bias cut, 사선 재단을 고안한 그녀는 당시 샤넬만큼이나 큰 영향력을 가진 인사였다. 그러나 그녀는 자신이 세상에 알려지는 것을 극도로 꺼려했다. 자발적 은둔형 아웃사이더인 셈이다.

샤넬과 비오네, 두 사람 가운데 당신은 어느 쪽에 더 가까운가? 아니, 어떤 사람을 더 닮고 싶은가?

샤넬과 같은 주인공을 꿈꾸는 사람이라면 우선 대인 감정을 관리하는 능력을 키워야 한다. 대인 감정은 말 그대로 타인과 관계를 맺을 때 생겨나는 감정을 가리킨다. 자신의 감정을 다루는 것만으로도 벅찬데 다른 사람의 감정까지 헤아려야 하기에 엄청난 에너지가 소모될 수밖에 없다. 이런 능력이 없는 사람이 샤넬과 같은 주인공을 꿈꾼다면 앞서 말한 다른 사람들의 욕망을 만족시키는 꼭두각시로 전락할 가능성이 높다.

사람들과 잘 지내고 싶은 것일 뿐 잘 보이고 싶은 게 아니라면 비오네 같은 주인공을 꿈꿔도 상관없다. 다만 사람은 반드시 혼자가 아닌 둘 이상이어야 가질 수 있는 감정이 있다. 존재감, 자아정체성, 연대감, 유대감, 소속감 등이 바로 그것이다. 이런 감정은 자존감과 삶의 질에 커다란 영향을 미친다. 그러므로 아무리 힘들어도 관계를 포기하지는 마라. 대신 사람들에게 잘 보이고 싶은 마음을 버려라. 사람들과 잘 지내는 것만으로도 우리는 이미 충분히 버거운 상태인지도 모른다.

내 것이 아닌 것처럼 느껴지는
모든 것을 멈춰라

가치관의 양극화가 심해지는 가운데 이에 따른 부작용이 인간관계 내에서도 나타나는 듯하다. 매사에 진지하게 임하는 사람을 '진지충, 노력충, 젊은 꼰대, 노잼'으로 혐오하고, 타인의 노력을 세련되지 못한 태도로 치부하는 사람들이 증가하고 있기 때문이다. 무엇보다 가장 큰 문제는 진지한 사람과 노력하는 사람의 설자리가 사라지고 있다는 사실이다.

성실함과 꾸준함으로 직장에서 인정받고 있는 하정 씨. 입사 동료들은 "왜 그런 일까지 네가 하느냐"라고 말하지만 그녀는 일을 배우는 게 즐겁다고 한다. 적극적으로 일하다 보면 직장 선배들에게 뭔가 물어볼 것도 많고 조언이 필요한 때도 있다. 그렇다 보니 자연스럽게 동료들보다 선배들과 보내는 시간이 편해졌고, 동료 사이에서 왕따 아닌 왕따가 되어 버렸다.

탕비실에서 삼삼오오 모여 웃고 떠들다가도 자신이 나타나면 조용히 흩어지는 동료들을 보며 그녀는 '내가 사회생활을 잘못하고 있나?' '내 성격에 문제가 있나?'라는 고민에 빠지고 말았다.

속물적 심장을 가졌으니
속물적으로 살 수밖에…

'노잼=매력 없는 사람'이라는 낙인은 자신과 다른 사람은 인정하지 않겠다는 이분법적 사고가 불러온 결과다. 이분법에 열심인 사람은 자신을 '모'에 소속시킬 목적으로 '도'라는 적을 만들어낸다. 소속의 욕구가 강할수록 도에 대한 적개심도 강해진다. 그래서 이들은 적으로 간주되는 모든 사람을 급식충, 뜰딱충, 한남충, 맘충, 인스타충, 재능충 이라고 부르며 무차별적인 공격을 가한다.

확실하게 자신의 자리를 꿰찬 사람, 누가 봐도 승승장구하는 사람은 자신보다 여유가 없는 사람을 괴롭히지 않는다. 아니 괴롭힐 시간이 없다. 꼭 어중간한 자리, 애매한 위치에 있는 사람이 자신의 불안함을 드러내지 않기 위해 자신보다 부족한 위치에 있다고 생각되는 사람들을 괴롭히고 시기한다. 타인의 불행을 발판삼아 자신의 존재감을 과시하고 다른 사람의 비극을 밑거름으로 본인의 우월감을 확인하려고 드는 것이다.

그런 사람들이 '모'에 소속된다고 해서 소속감이나 안정감이 충족되느냐 하면 딱히 그렇지도 않다. 상대적으로 '도'라는 적만 늘어날 뿐이다. 그들이 그렇게 혐오하는 '도의 도움'을 받아야 할 때가 있는데도 말이다.

상황이 이렇다 보니 다른 사람의 눈에 자신이 속물로 비춰지지 않을까 염려하는 사람이 급속도로 증가하고 있다. 타인의 인정만 쫓느라 자기 욕구를 들여다보지 않는 태도가 문제가 될 뿐 속물적 욕구는 전혀 문제가 되지 않는다.

어느 30대 내담자는 독서 모임에서 유독 말이 많고 큰 목소리를 자랑하는 한 여성을 만나게 되었다. 미운 사람이 미운 짓만 골라 한다고 리액션도 얼마나 큰지 독서 모임이 아니라 개그 모임에 나가는 것이 맞지 않나 하는 생각이 들었다고 한다.

그러던 어느 날 꼴 보기 싫은 그녀가 나이 많은 사람에게나 어울릴 만한 블라우스를 입고 나타났다. 그 모습에 '꼭 자기 같은 옷을 입고 왔네'라고 생각했는데 잠시 뒤 그 블라우스가 럭셔리 하이패션의 선두주자라고 불리는 한 브랜드 시즌 상품임이 밝혀졌다.

순간 그렇게 촌스럽던 꽃무늬 패턴이 어찌나 고급스럽게 보이던지 모임 내내 사람은 눈에 안 들어오고 블라우스만 보였다고 한다. 이런 자신의 모습에 '브랜드는 몰라도 가격에 먼저 반응하는 것을 보니 역시 내 심장은 속물적이야. 어쩌겠어. 속물적 심장을 가졌으니 속물적으로 살 수밖에…'라는 생각을 했다는 것이다.

그녀는 처음으로 꼴 보기 싫은 그 여성과 자발적으로 눈을 맞추고 말도 안 되는 상대의 유머에도 크게 웃어 주었다며 씁쓸한 표정을 지어 보였다.

남과 다르고 싶다는 뜨거운 갈망
차별화

요즘처럼 돈에 대한 욕심, 물질에 대한 욕망을 거침없이 드러내는 시대가 있었을까 싶다. 인간은 기본적으로 의식주가 해결되고 안전을 보장받고 사회적으로 자리를 잡으면 남과 다르고 싶다는 차별화 욕구의 단계로 접어든다.

그러므로 좋은 스펙, 명품가방과 시계, 벤츠와 아우디, 강남 아파트에 대한 열망은 자연스러운 것이다. 뽐내고 싶고, 인정받고 싶고, 부자가 되고 싶은 마음을 세속적이고 속물적으로 단정해서 안 된다.

집이라는 개념만 봐도 그렇다. 어떤 사람에게는 자기 몸 하나 누일 수 있는 실용적 공간에 불과하지만, 다른 누군가에게는 자산을 불려주는 최대의 무기일 수 있다.

자신과 다르다고 세속적이고 속물적이라고 단정하는 이분법적 시선은 매우 위험하다. 이런 시선이 바로 물질적 보상을 얻고자 하는 일련의 행위와 과정 자체를 부정하는 노력혐오주의의 근간이 되기 때문이다.

매사에 진지한 사람을 재미없는 사람으로, 성공에 대한 열망을 가진 사람을 세속적인 사람으로 폄하하는 시선이 위험한 또 다른 이유가 있다. 주변 사람들한테서 이런 놀림을 받다 보면 자신의 성실성을 '한낱 흙수저의 노력'으로 치부해버릴 수 있게 된다.

20대에는 유머감각이나 개성 있는 스타일, 잡다한 지식 등이 사람을 빛나게 하지만 30대만 되어도 상황은 달라진다. 자신의 일에 최선을 다하고자 하는 노력이 빛을 발하고 이런 능력이 높은 생산성을 만들어낸다. 그러므로 '진지함과 노력하는 자세'를 스스로 외면하거나 축소시키지 말아야 한다.

순수하게 개인의 노력 하나로 신분 상승의 사다리를 타고 올라가는 일이 쉽지 않은 시대다. 명문대학 출신이 아니라서, 취업에 실패해서, 경력이 짧아서 자신의 노력이 물거품으로 돌아가는 순간도 많다. 그러나 자신이 걸어온 모든 시간이 수포로 돌아가는 것은 아니다. 《해리 포터》의 저자 J.K. 롤링은 "실패는 근본적이지 않은 것들을 제거해준다. 내가 아닌 것처럼 느껴지는 모든 것을 멈추고 집필에만 기운을 쏟게 만들었다"라고 말했다.

지금 우리에게 필요한 건 '내 것이 아닌 것처럼 느껴지는 모든 것을 멈추고, 내 것에만 집중하는 시간'이다.

기꺼이 소외감을 받아들이다

하정 씨 역시 '내 것이 아닌, 내 것일 수 없는, 내 것으로 만들고 싶지 않은' 동료들과 명확하게 선을 긋기로 했다. 아마도 동료들에게 이런 하정 씨의 모습은 윗사람에게 아부 떠는 사람, 일 좀 한다고 잘난척하는 사람으로 비춰졌을 것이다.

그럼에도 그녀는 자신이 선택한 소외감을 기꺼이 받아들이고 단호하게 처신해 나갔다. 자신이 나타나면 먼지처럼 흩어지는 동료들을 바라보면서 소외감과 굴욕감을 느낄 때도 있었지만 그녀는 흔들리지 않았다.

"저는 비겁하기 싫어요. 야합은 제 체질이 아니에요."

사회생활을 제대로 하려면 '야합'과 '같이'를 구분하는 안목을 길러야 한다. 야합은 '좋지 못한 목적으로 서로 어울리는 행위'를 말하고, '같이'는 '둘 이상의 사람이나 사물이 경험이나 생활 따위를 함께하는 행위'를 뜻한다. 이 두 가지 행위를 구분하는 기준은 '자기소외'라는 감정이다. 스스로 타인의 비위를 상하지 않도록 하기 위해 진짜 자신을 소외시킬 때 나타나는 감정이 자기소외다.

편안해야 할 모임에서 누군가의 눈 밖에 나지 않으려고 지나치게 크게 웃고 떠들거나, 반대로 갑자기 입을 다물거나 하는 식으로 진짜 자신의 모습과 다르게 행동한다면 스스로를 소외시키고 있는 것은 아닌지 생각해 봐야 한다. 소외당한다는 감정이 강하게 드는 만남이면 '야합'이고, 그 반대면 '같이'가 된다.

누군가의 눈 밖에 나지 않기 위해 그들과 야합하는 것은 고립증후군을 느끼는 일보다 자존감에 더 큰 치명상을 입힌다. 진정으로 함께하는 관계라면 진짜 자기를 소외시킬 일도, 애써 본래 마음을 감춰야 할 일도 없다.

가짜 관계로 말미암아 진짜 자기를 놓치는 일은 없어야 할 것이다. 이런 관계에 노력을 쏟을 바엔 차라리 혼자 집에서 낮잠을 자는 게 낫다.

나는 나의 시작이다,
이너차일드 챌린지

〈이너차일드Inner Child〉는 방탄소년단의 멤버 뷔가 부른 솔로 곡이다. 뷔가 자신의 어린 시절을 떠올리며 부른 노래로 많은 팬에게 깊은 울림을 안겨주었다. 여기서 영감을 받은 전 세계 팬들이 자신의 어린 시절에게 위로와 안부를 건네는 '이너차일드 챌린지Inner Child Challenge'를 시작했다.

이 챌린지는 왼쪽에 자신의 유년 시절 사진을, 오른쪽에 자신의 현재 사진을 동시에 올려놓고 스스로에게 짧은 편지를 띄우는 형식으로 이뤄진다.

어릴 적 나야! 툭하면 울고 툭하면 상처받는 나약한 나야.

네가 좀 더 강해지고 이 세상이 쉽지 않다는 것을 배우면 좋겠어. 하지만 네가 울 때마다 너를 안아줄 사랑하는 사람들이 있다는 사실을 잊지 마.

안녕! 계속 바보 같은 결정만 내린 ○○아. 지금이라면 그런 결정을 내리지 않았을 테지만, 후회는 안 해. 그 시간들이 지금의 나를 강하게 만들었으니까.

개인적으로 이너차일드 챌린지를 관심 있게 본 이유는 챌린지에 참가한 사람들이 내면 아이를 보듬어주었기 때문이다. 앞서 사례로 든 이너차일드 챌린지에 적힌 글들을 살펴보자.

- 나약하고 외로운 아이
  ▷ 나를 사랑해주는 사람을 많이 가진 아이

- 바보 같은 아이
  ▷ 바보 같았지만 그 시간으로 말미암아 강해진 아이

기존의 '외로운 아이' 옆에 '사랑받는 아이'가 서 있는 모습이 보이는가? 어린 시절 '바보 같은 아이' 옆에 '강해진 아이'가 서 있는 모습이 보이는가? 이 둘은 별개의 존재가 아니다. 이런 식으로 자신의 내면 아이를 보듬어주다 보면 외로운 아이와 사랑받는 아이 모두를 수용하는 통합된 자아상이 만들어진다.

열리지 않는 문 앞에서

영국 역사학자 에드워드 H. 카Edward Hallett Carr는 《역사란 무엇인가》에서 "역사는 역사가와 진실 사이에서 끊임없이 이뤄지는 상호작용의 과정이자 현재와 과거의 끊임없는 대화다"라고 말했다. 개인의 역사도 마찬가지다. '과거의 나'와 '현재의 나' 사이에 대화의 다리를 놓아줘야 한다. 그래야만 어린 시절 미처 학습하지 못한 제대로 싸우는 법, 제대로 화해하는 법, 제대로 사랑하는 법, 제대로 이별하는 법, 무엇보다 제대로 다시 일어서는 법을 배울 수 있다.

이는 심리학적으로도 꽤 의미 있는 자가치유법이다. 우리는 모두 상처받은 내면 아이와 함께 살아가고 있다. 진료실에서 만난 사람들 가운데 자신의 어린 시절을 영화처럼 아름답게 회상하는 사람은 거의 없다. 대부분 부모에게 충분한 보살핌을 받지 못한 불쌍한 아이, 형제자매의 틈바구니에서 자기 것을 지키기 위해 고군분투하는 안쓰러운 아이, 외동이라서 혼자 있는 시간이 많았던 외로운 아이로 자신을 떠올린다.

그중에서도 부모에게 습관적·반복적 체벌을 당한 경우는 정말 최악이라고 말할 수 있다. 위험과 곤란으로부터 아이의 안전을 책임져야 할 당사자로부터 직접적인 공격을 당한 내상은 마음 깊숙한 곳에 자리한 채 쉽게 지워지지 않는다.

이런 경우 대부분의 아이는 보살핌을 받아야 할 권리를 도둑맞은 것도 모자라 스스로를 방어하고 보호할 권리마저 빼앗겨 버린다. 자신에게 날아오는 물리적 압박을 피하기 위해 본능적으로 손을 올렸을 뿐인데, 부모는 더 큰 압력을 가한다. "당장 그 손 내리지 못해!!!"라는 부모의 목소리는 "누군가 네 희망을 약탈하고 노력을 조롱하고 감정을 무시해도 절대 저항하거나 피하지 말고 그대로 받아들이라"는 메시지와 다를 바 없다. 기본적인 자기보호권, 자기방어권마저 박탈당하는 것이다.

상처받은 어린 시절에 대한 기억은 성인이 된 이후에도 사라지지 않고 붙박이 장롱처럼 우리 안에 머문다. 이건 당신이 예민하고 유별나서가 아니다. 인간은 원래 자신에게 열리지 않는 문 앞에서 어린 아이처럼 서성거리게 되어 있다. 그게 부모의 보호와 사랑이라는 문 앞이라면 더 말해 무엇하겠는가.

이런 열망을 알고 부모가 뒤늦게라도 자신들의 잘못을 인정하고 어린 당신과 성인된 당신을 동시에 안아주면 좋겠지만, 이런 감동적인 장면은 드라마에서나 가능하다. 냉정하게 들려도 어쩔 수 없다.

미성숙한 부모는 나이만 먹은 어린 아이에 불과하다. 이들은 커다란 아빠의 양복을 꺼내 입고 서류 가방을 든 남자아이, 엄마의 원피스를 입고 높은 하이힐에 위태하게 서 있는 여자아이와 같다. 자기 몸에 어울리지 않는 장신구를 한 이들은 평생 그 무게를 감당하지 못해 뒤뚱거린다. 자신의 몸 하나도 제대로 가누지 못하는 이들이 누구를 보호하고 돌볼 수 있겠는가.

안타깝게도 이런 부모를 둔 사람이라면 그들의 사과를 받을 수 있으리라는 희망 회로를 멈춰야 한다. 거짓 희망임을 인정하고 보호받지 못한 어린 시절에 대한 애도를 시작하는 게 훨씬 더 건설적이다.

당신은 제발 멋진 어른이 되라

부모로부터 받은 상처 때문에 한껏 움츠려 있는 내면 아이를 보듬어줄 수 있는 사람은 당신밖에 없다. 어린 당신이 부모에게 기대했던 따뜻한 체온, 온화한 말투, 지지와 응원, 조건 없는 사랑을 스스로에게 선물해야 한다.

혹시 방구석에 홀로 앉아 눈물을 뚝뚝 흘리고 있는 어린아이가 보이는가? 엄마 품에 안겨 엉엉 울고 싶지만 매몰차게 방문을 닫고 들어가는 엄마의 뒷모습을 보며 감히 울음소

리조차 내지 못하고 흐느끼는 당신의 모습이 보이는가? 그렇다면 아이가 놀라지 않게 "○○아"라고 조용히 이름을 불러주자. 그리고 뜨겁게 뛰는 서로의 심장 소리를 들으며 힘껏 안아주자. 평생 소리 내어 울어 본 적 없는 그 아이가 당신의 품에 안겨 '엉엉' 소리 내어 울 수 있다면 그것으로 충분하다.

나는 나의 시작이다. 그러니 지금부터라도 어른답게 싸우고 어른답게 화해하고 어른답게 다시 일어서라. 그러면 당신의 마음속에 웅크리고 있던 내면 아이도 용기를 내어 당신에게 화해의 손을 내밀 것이다.

마지막으로 당신은 제발 멋진 어른이 되라. 강자에 맞서 약자를 대변하고 보호하며, 힘없는 사람을 보듬어주고 보살필 수 있는 힘을 가진 어른이 되라. 우리 주변에는 이와 반대로 강자를 대변하고 힘없는 사람에게 더 큰 힘을 과시하는 못난 어른이 너무도 많다.

chapter 2

나는 그저
존재하는 것에 지쳤죠

feat. 핑계가 필요한 당신을 위한 심리 테라피

내 속에 내가 없는데,
나는 누구인가요?

요즘 사람들에게 가장 많이 듣는 말이 바로 "왜 태어났는지 모르겠어요"다. 너는 나에게 상처를 줄 수 없다고, 나는 까칠하게 살기로 했다고, 더는 혼자 잘해주고 상처받지 않겠다고 아무리 선언해도 멘탈은 여전히 유리 같고, 상황은 여전히 거지 같기 때문이다.

산업화, 기술화, 도시화, 대량화는 철저하게 개인을 소외시키고 나와 다른 것은 틀린 것으로, 내 편이 아닌 사람은 적으로 간주하게 만든다. 미디어는 끊임없이 우리의 공포를 자극하여 다른 생각을 할 수 없게 만들고, '소비가 최고의 미덕임'을 강조하는 SNS는 쉼 없이 결핍을 자극하여 필요도 없는 물건을 자꾸 구입하게 만든다. 잇템, 핫템, 필수템으로 옷장을 가득 채워도 여전히 허전하고 공허한 이유는 무엇일까. 도대체 무엇을 더 어떻게 채워야 '아, 이 정도면 충분해'라는 만족감을 얻을 수 있는 것일까.

여기요! 여기, 사람이 있어요!
아니, 내가 있어요!

"인간에게는 중요한 날짜 두 개가 있다. 자신이 태어난 날과 자신이 왜 태어났는지 알게 되는 날이다." 미국의 소설가 마크 트웨인Mark Twain이 한 말이다. 이 말에서 '자신이 왜 태어났는지 알게 되는 날'을 심리학적으로 풀면 '자아정체성ego identity을 깨닫는 날'이 되지 않을까 싶다. 자아정체성은 "나는 누구인가?"에 대한 총체적 느낌과 인지를 뜻한다.

"나는 누구인가?"라는 질문을 받고 자신 있게 대답할 수 있는 사람이 몇이나 되겠는가? 마흔이 넘었는데도 스스로를 아이와 어른 사이 그 어디쯤에서 방황하고 있는 '어른이'라고 생각하는 사람이 태반이다. '자신이 인식한 나', 즉 자아정체성이 어른이인 셈이다.

"나는 누구인가?"라는 질문이 너무 쉽다고 생각했던 것일까? 미국 심리학자 에릭 에릭슨Erik Homburger Erikson은 자신이 인식한 나 옆에 또 하나의 자아를 데려다 놓았다. '타인이 인식하는 나'가 바로 그것이다. '타인이 인식하는 나'는 다른 사람이 나를 어떻게 바라보고 있는지, 나를 어떻게 인정하고 있는지를 자각하는 것으로 자아정체성을 확립하는 데 매우 중요한 요소다.

예를 들어 작가가 자신의 영혼을 갈아 넣은 소설이라도 읽어주는 사람이 없으면 망작이 된다. 성공한 베스트셀러가 영화화되어도 관객의 외면을 받으면 이 또한 조롱거리로 전락하고 만다. 성공한 소설가, 성공한 영화의 원작자라는 타인의 인정이 있어야만 비로소 '잘나가는 소설가'라는 정체성을 갖게 된다. 나만 잘한다고 해결되는 문제가 아니다.

우리가 SNS의 '좋아요'에 목숨을 거는 이유도 여기에 있다. "여기요! 여기 좀 보세요! 저 이렇게 폼 나게, 신나게 시간을 보내고 있어요. 이게 나라고요! 이게 나라는 사람이라니까요!" 빛나는 자신을 인정해 달라는 자아정체성의 소리 없는 외침이다.

타인에 의해 훼손되거나 거룩해지는 일 없이
나는 나의 삶을 살겠다

때로는 전혀 생각지 못한 사람의 질문으로 말미암아 현재 내 위치를 정확하게 파악하기도 한다. 물론 그 과정이 항상 유쾌한 것만은 아니다.

"어느 대학에 다닌다고 했지?"

"취직에 대한 계획은 있고?"

"만나는 사람은 있니? 뭐하는 사람이야?"

"결혼한다고 하던데, 신혼집은 어디야? 요즘은 30평대 아파트에서 시작하는 사람이 많더라고."

이런 말이 불편한 이유는 단순한 근황 토크가 아니라 자아정체성의 핵심을 찌르기 때문이다. 그렇다 보니 이런 질문에 적절한 대답을 내놓지 못하면 당황함과 불쾌함을 느끼고 심할 경우에는 수치심과 죄책감에 사로잡히게 된다. 그리고 우리는 무의식적으로 안다. 상대가 궁금해 하는 것이 단순한 나의 근황인지, 나의 현실을 기반으로 자신의 우위를 점검하기 위함인지를 말이다. 의도를 가지고 이런 질문을 던지는 사람을 만나는 날이면 그야말로 자아정체감은 박살 나고, 자존감은 심한 훼손을 입는다.

소설가 김훈 씨는 한 인터뷰를 통해 "네놈들이 나를 욕한다고 해서 내가 훼손되는 게 아니고, 너희들이 나를 칭찬한다고 해서 내가 거룩해지는 것도 아닐 거다. 그러니까 너희들 마음대로 해 봐라. 너희들에 의해서 훼손되거나 거룩해지는 일 없이 나는 나의 삶을 살겠다"라고 말했다. 나는 이 글을 읽고 감탄을 금치 못했다. 임팩트가 얼마나 강했는지 한동안은 건강한 자아정체성을 확립하기 위해 노력하는 사람을 위한 마법의 주문처럼 느껴졌다.

자존감이 흔들릴 때마다 김훈 작가의 말을 떠올렸지만 나는 오늘도 타인의 인정으로 거룩해짐을 느끼고, 타인이 던진

악의적인 말 한 마디에 무릎이 꺾이도록 휘청인다. 타인의 시선으로부터 자유롭겠다는 강박이 오히려 외부 시선을 의식하도록 만드는 게 아닌가 싶기도 하다.

인생이 만들어 놓는 어깃장에
발목 잡힌 사람들

다시 사랑하는 게 두려워서 다시 시작하는 게 무서워서 초라한 마음의 문에 빗장을 굳게 질러 놓은 채 자신만의 세상으로 숨은 사람들이 있다. 독수리처럼 날카로운 발톱이나 치타처럼 빠른 발을 갖지 못해 일찌감치 경쟁을 포기한 사람들이 있다. 입장 시간이 끝난 놀이공원에 도착한 아이처럼, 막차가 떠난 버스 정류장에 홀로 남은 사람처럼 인생이 만들어 놓은 어깃장에 분노하며 외로움에 단단해졌다고, 혼자여도 괜찮다고 스스로를 다독이는 사람들이 너무나 많다.

하지만 사실 이들은 그 누구보다 문 밖의 세상을 동경하고 갈망하며 세상의 중심에 우뚝 서기를 원한다. 빛바랜 흑백 사진처럼 흐릿해진 자신의 존재를 컬러 사진처럼 선명하게 바꾸고 싶어 한다.

그러기 위해 우리는 "나는 누구인가?"라는 질문에 대한 답을 찾아야 한다. 그 질문에 답을 찾으려면 굳게 빗장을 질러 놓았던 마음의 문을 열고 세상 밖으로 나와야만 한다.

그 문을 스스로 열 수 있는 날이 아마도 '내가 왜 태어났는지를 알게 되는 날'이 되지 않을까 싶다.

"어차피 해 봤자 안 돼요"
응, 그래서 안 되는 거야

"나는 나 자신에 대해 얼마나 알고 있는가?"

이 질문이 다소 추상적으로 들리는가? 그렇다면 이렇게 바꿔 보자.

"자신의 장점과 단점이 뭐라고 생각하는가?"

면접 볼 때 많이 들었던 질문이라고? 그런데 진료실에서 내담자에게 이 질문을 던지면 대부분 머뭇거린다. 자신의 장점과 단점에 대해 일목요연하게 설명하는 사람은 채 서너 명도 되지 않는다.

"포스트 코로나 시대, 투자 전략을 어떻게 세워야 할까요?"와 같은 거창한 질문도 아닌데 진료실을 나갈 때까지 끝내 대답하지 못하는 사람도 있다.

이 간단한 질문에 쉽게 대답하지 못하는 이유가 뭘까? 진료실이라는 공간의 특수성도 있겠지만 자기 자신에 대해 심도 있게 생각해 본 적이 없기 때문일 것이다. 자신의 장점과 단점을 파악하는 일은 '나'라는 사람의 개별성을 인지하는 것과 같다. 개별성이란, 사람이나 사물이 각각 지니고 있는 특성을 말한다.

나의 개별성 인지하기

대중성과 다양성이 절대 기준이 되는 세상에서 개별성과 고유성이 희생당하다 보면 결국 '나'는 없고 '남'만 남은 텅 빈 자신을 발견하게 된다. 왕만두처럼 속이 꽉 들어찬 삶은 아니더라도 최소 말라비틀어진 대추 같은 삶은 살지 말아야 할 것 아닌가. "나는 나 자신에 대해 얼마나 알고 있는가?"라는 질문에 가장 근원적인 대답이 될 자신의 장점과 단점을 발견하는 것은 매우 의미 있는 일이다. 우리의 정서적 토대를 비옥하게 만들어주는 첫 걸음이기 때문이다.

그럼에도 여전히 "나는 나 자신에 대해 얼마나 알고 있는 가?"라는 질문에 답하지 못하는 사람들을 위해 '개별성 인지 하기' 리스트를 준비했다.(70페이지 삽입)

다음 텍스트를 읽고 자신이 해당된다고 생각하는 곳에 체 크하면 되는데, 우리는 지금 정답을 찾는 문제를 풀고 있는 게 아니라는 사실을 꼭 기억하길 바란다. 결과를 보고 나무 라거나 비난할 사람은 없으니 장점이든 단점이든 자신이 해 당된다는 생각이 드는 모든 것에 체크하기를 권한다.

결과를 보고 나서 "장점이 8개밖에 안 되는데 단점이 20 개나 되네"라며 자책하는 사람이 있는데, 그러라고 만든 표 가 아니다. 본래의 취지에 맞게 자신의 장점과 단점을 파악 하는 데 초점을 맞추도록 하자.

우리는 "○○는 참 착하고 인사성도 밝아" "너는 도대체 누굴 닮아 그렇게 느려터진 거니" 등 타인이 해준 말에서 자 기 자신을 발견하는 일이 낯설지 않다. 존재감을 확인해주는

나의 개별성 인지하기		
(내 성격에 동그라미치기)		
나의 장점	장점과 단점 (장점이 됐다가 단점도 되는)	나의 단점
배려심이 깊다	단호하다	실수가 잦다
적극적이다	돌려 말하지 않는다	수습할 일이 많다
꼼꼼하다	마음이 약하다	화부터 내고 본다
세심한 편이다	우유부단하다	마음속으로 삭인다
말을 잘 들어준다	생각을 지나치게 오래한다	내 위주로 생각한다
용기 있다	결과 지향적이다	자기비하가 잦다
한다면 한다	할 말은 해야 한다	부정적이다
늘 열려 있다	무던하다	평가에 민감하다
뭐든 쉽게 결정한다	감정 호소를 잘한다	도움을 요청하지 못한다
유머러스하다 (친화력이 높다)	가두리를 잘 치고 원하는 바를 잘 얻어낸다	타인에 대한 의존도가 높다
멀티태스킹에 능하다	마냥 잘해준다	거절당할까 두려워한다
스마트하다	내향적이다	혼자서 결정한다
역동적이다	할 수 있는 것만 한다	상처를 방치한다
정직하다	잘난 척을 못 한다	불안도가 높다
긍정적이다	상대 위주로 생각한다	포기가 빠르다

유연하다	눈치가 빠르다	노력을 혐오한다
끈기가 있다	개인주의다	질투심이 많다
친화력이 높다	감수성이 풍부하다	의존성이 강하다
손재주가 좋다	호불호가 명확하다	큰 목표가 버겁다
리더십이 있다	중간자 역할을 주로 한다	긴장도가 높다
말을 예쁘게 한다	다재다능하다	손해 민감도가 높다
욕구가 분명하다	자신을 잘 드러내지 않는다	충동적이다
계획적이다	고정된 역할이 편하다	남 탓을 자주 한다
감정에 대한 자제력이 높다	'남들이 그러거나 말거나' 라고 생각한다	거절을 받아들이지 못한다
언감 일치성이 높다 (언어와 감정의 일치성)	내 탓이이라고 생각하는 게 편하다	보이는 것에 민감하다
자신과 잘 논다	완벽주의다	공허하다
자신을 좋아한다	내가 결정하는 것을 좋아한다	내가 주인공이어야 한다
자기관리에 능하다	욜로족이다	자기관리가 어렵다
자신의 미래가 궁금하다	관계 정리가 칼이다	문제를 회피하려고 한다
회피하지 않는다	만족이 빠르다	종종 수치심을 느낀다
공유를 잘한다	모든 사람에게 다정하다	항상 피곤하다
기복이 없다	승부욕이 강하다	남보다 한 발 늦다

대상은 주로 타인이지만 사실 나 자신이 그 역할을 대신할 수도 있다.

어차피 해 봤자 안 돼요

언젠가 '한결같은 성격'이 고민이라는 내담자가 찾아왔다. 그는 "늘 변하지 않고 한결같아서 재미가 없다"라는 사람들의 이야기가 상처로 돌아왔다고 한다.

사람의 성격이라는 것이 그렇다. 한결같음이 긍정적으로 발현되면 '안정적인 사람'이라는 평을 듣지만 부정적으로 발현되면 '재미없는 없는 사람'이라는 소리를 듣게 된다.

'안정적이다(긍정적 해석) ↔ 한결같다 ↔ 재미없다(부정적 해석)'는 공식이 형성되는 것이다.

나는 그에게 물었다.

"융통성이 없는 사람, 앞뒤가 꽉 막힌 답답한 사람이라는 평가에 동의하세요?"

"아니오! 저도 코드 맞는 사람을 만나면 엄청 유머러스해요. 하지만 사람들이 보기에는 조금 답답한 면도 있겠죠. 원칙주의자라서요. 그런데 원칙은 중요한 것 아닌가요? 모든 일의 기준이 되니까요."

야마자키 후사이치가 쓴 《마음에 평안을 주는 마법의 말》에 보면 "자신에게 가장 무서운 일은 다른 사람의 눈으로 자신의 결점을 자책하며, 스스로 자신의 존재를 부정하는 것이다"라는 내용이 나온다. 다행히 그는 주변 사람들이 말하는 단점으로 스스로를 부정하지 않았다. 사람들의 지적을 인정하지만 이유가 있는 단점이기에 '한결같음'을 결점으로 바라보지 않는 것이다. 이는 그가 자신의 삶을 매우 긍정적인 태도로 대하고 있음을 의미한다.

다만 타인도 인정하고 자신도 인정하는 단점이라면 당연히 고치려는 노력이 필요하다. 늘 부정적인 말로 자신과 주변의 감정 에너지를 감소시키는 사람은 더욱 그렇다.

어떤 치료 방법을 권해도 "어차피 해 봤자 안 돼요"라는 말을 반사적으로 내뱉는 내담자가 있었다. 1년 넘게 이 상황이 반복되다 보니 어느 순간부터 나도 모르게 '그래, 어차피 이 사람한테는 무슨 말을 해도 안 통해'라는 생각을 하게 되었다.

성장 가능성이 높은 아이들의 비밀

"믿는 만큼 이루어진다"라는 말이 있다. 심리학계에서도 긍정적 암시의 힘을 중요하게 생각한다. 이와 관련된 실험이 많은데 그중 한 가지만 살펴보자.

하버드대학교의 한 심리학과 교수가 실험진을 꾸려 시골의 작은 초등학교를 찾아갔다. 실험진은 해당 학교 아이들을 대상으로 몇 가지 테스트를 진행한 후 교사들에게 '성장 가능성이 높은 아이들'의 명단을 전달했다. 실험진은 교사들에게 '아이들은 이 명단의 존재를 몰라야 하니, 절대 공개하지 말아달라'는 부탁을 남기고 돌아갔다.

몇 개월 뒤 다시 이 학교를 찾아온 실험진은 이전 테스트에 참석했던 아이들을 대상으로 같은 테스트를 진행했다. 그런데 놀라운 결과가 일어났다. 발전 가능성이 높은 아이들의 명단에 포함된 학생들의 실력이 눈에 띄게 향상된 것이다. 그런데 사실, 이 명단에 포함되어 있는 아이들은 테스트 결과와 상관없이 실험진이 임의로 선택한 학생들이었다.

이 실험의 핵심은 건설적인 생각과 긍정적인 믿음에 있다. 이런 의미에서 요즘 유행처럼 쓰이는 부정적인 단어들이 다소 염려된다.

최악의 카드를
최선의 카드로 뒤집을 수 있는 힘

빌빌세대 취직 못한 신세를 자조하는 말, 부장 인턴 여러 회사에서 인턴을 경험해 한 회사의 부장만큼이나 경험이 풍부해진 인턴, 빨대족 30대에도 독립하지 못하고 부모의 경제적 도움에 기대어 살아가는 사람, 십장생 10대도 장차 백수를 생각해야 함, 삼일절 서른한 살까지 취업하지 못하면 취업길이 끊김 등 자조적이고 현실을 비관하는 말이 너무나 많은 요즘이다.

진심으로 이번 생이 망했다고 생각하는 사람에게는 백약

이 무효하다. 상담하다 보면 최악의 카드를 들고 앉아 있으면서 최선의 카드라고 믿는 사람을 만나게 된다. 이들은 눈앞에 아무리 좋은 카드가 있어도 자기 몫이 아니라고 생각한다. 자기 것이 아닌 것^{내 것이 아니라고 생각하는 것}에는 눈길조차 주지 않는다. 이들은 "원래 욕심이 없어요"라고 말하지만 욕심이 없는 게 아니라 자신의 욕구가 무엇인지 모르는 것일 뿐이다. 자기의지의 부재가 불러온 비극이다.

스스로를 '불량품'으로
낙인찍지 마라

어린 시절 읽었던 〈빨간 구두〉의 내용을 기억하는가?

어린 나이에 불의의 사고로 부모를 잃은 카렌은 동네 노부인의 양녀로 새 삶을 시작한다. 교회에 신고 갈 검정 구두를 장만하기 위해 신발 가게로 향한 카렌. 그곳에서 그녀는 운명의 빨간 구두를 만나게 된다. 그러던 어느 날 교회 입구에서 만난 한 늙은 군인이 그녀의 구두를 보며 의미심장한 말을 남긴다.

"참으로 예쁜 구두구나. 구두야, 춤출 때는 소녀의 발에 단단히 붙어 있어라."

그 순간 카렌은 자신의 의지와 상관없이 구두가 이끄는

대로 춤을 추기 시작한다. 이 모습에 놀란 교회 사람들이 카렌의 발에서 간신히 구두를 벗겨냈고, 당황한 그녀는 더 이상 그 구두를 신지 않겠다고 다짐한다. 하지만 이 결심은 그리 오래가지 못한다. 며칠 후 파티에 가게 된 카렌은 끝내 유혹을 이기지 못하고 문제의 구두를 꺼내 신고야 만다. 이번에도 빨간 구두는 카렌의 의지와 상관없이 춤을 추기 시작한다. 어느덧 가시덩굴이 가득한 숲길로 들어선 카렌은 온몸이 상처투성이가 되었지만 여전히 춤을 멈출 수가 없다. (…)

본질에 집중하라

불현듯 이 동화가 생각난 이유는 상담실에서 만난 또 다른 카렌 때문이다. 사실 내 주변에는 너무나 많은 카렌이 있다.

"발에 맞지 않는 신발을 억지로 구겨 신고 하염없이 뛰는 기분이에요."

혜민 씨는 어느 누구도 자신에게 '신발을 벗고 쉬어라'는 말을 하지 않는다고 항변하지만 사실은 그녀 스스로 신발을 벗고 싶어 하지 않았다. 아마도 그녀는 자신의 발뒤꿈치가 상처투성이가 되고 발톱이 빠져도 회사에서 인정받을 수 있다면 개의치 않을 것이다. 오죽하면 그녀의 상사마저 "본질에 집중하라"는 충고를 날렸겠는가.

혜민 씨는 최대 경쟁자라고 생각했던 동기가 팀장으로 승진한 뒤 깊은 좌절감에 빠졌다. 사실 경력이나 리더십, 퍼포먼스 결과 등 객관적으로 봐도 동기가 승진하는 게 맞다. 그럼에도 여전히 그녀는 자신의 억울함을 호소하고 있다. 가장 먼저 출근해서 가장 늦게 퇴근하고 업무 시간의 절반을 쇼핑에 사용한 점을 인지하지 못함, 회식 자리는 절대 빠지지 않았으며 사회생활은 인맥이라면서 중요한 업무를 뒤로 미룬 것도 전혀 개의치 않음, 팀장의 손발이 되어 움직였다는 것이다.

"노력의 결과가 이렇게 실패로 돌아간다면 더 이상 노력하고 싶지 않아요. 매번 이런 식이라면 앞으로도 빤하지 않겠어요?"

지금 그녀에게 필요한 건 야근이나 회식이 아니라 경험과 실력이다.

미래가 보이지 않을 때 할 수 있는 일은
그저 다음에 해야 할 일을 하는 것이지

앞서 이야기한 〈빨간 구두〉 이야기를 다시 떠올려 보자. 어쩔 수 없이 검정 구두를 신어야 하는 카렌은 현실 자아 actual self, 매번 자신을 위험에 빠뜨림에도 불구하고 빨간 구두를 원하는 카렌은 이상적 자아 ideal self라고 할 수 있다. 이 둘의 격차가 커지면 '자기불일치 self-discrepancy'에 따른 상실감으로 마음의 몸살을 앓게 된다. 자기불일치는 현실 자아와 이상적 자아의 불일치를 인지하는 정도를 뜻한다.

고양이가 자기 자신을 사자나 호랑이로 인식하고 버팔로 사냥에 나선다면 어떻게 되겠는가? 자신의 사냥 능력에 맞춰 쥐나 새 등 작은 동물에 관심을 두지 않으면 녀석은 버팔로의 공격에 치명상을 입거나 굶어죽고 말 것이다.

이처럼 현실 자아와 이상적 자아의 갭이 클수록 자신이 느끼는 만족감, 즉 자아만족감은 떨어진다.

혜민 씨 역시 현실 자아와 이상적 자아의 불일치가 큰 편이다. 의외로 많은 사람이 이런 불일치를 경험한다. 예쁜 구두를 신고 멋지게 춤을 추며 박수와 환호를 받고 싶은데 현실 속 자신은 무대 위에서 입을 옷과 구두도 없고 그럴듯한 공간에 놓여 있지도 않다. 화려한 조명이 아니라 공허함과 상실감이 온몸을 감싸고 있는 형국이다.

이런 상황에서 벗어나고 싶다면 다음 세 가지 방법을 기억해야 한다.

첫 번째, '알아차림'이다. 지금의 실패가 회복 불가능한 완전한 실패가 아니라는 사실을 알아차려야 한다. 오랜 기간 준비한 시험에서 떨어졌거나 원하던 직장에 취업하지 못하게 되면 아무리 정서적으로 건강한 사람이라도 예민해진다. 마지못해 해야 할 일이 아니라 정말 하고 싶은 일을 하지 못했을 때, 가지고 싶은 것을 갖지 못했을 때의 좌절감은 말로 설명하기 어렵다. 이런 상황에서는 객관적 판단 자체가 불가능하다. 노래 가사처럼 스스로를 루저, 외톨이, 센 척하는 명청이로 여기게 된다.

'남들 다 다니는 직장도 없고, 남들 다 굴리는 자동차도 없으니 살아갈 이유도 없다'라는 생각은 논리적으로 맞지 않을뿐더러 인생에 아무런 도움도 되지 않는다. 차라리 자신이 현재 예민한 상태임을 알아차리는 것, 그로 말미암아 작은 자극에도 크게 반응한다는 사실을 인지하는 게 상황을 정리하는 데 훨씬 도움이 된다.

두 번째, 자신을 '불량품'으로 낙인찍지 말아야 한다. 낙인 효과라고 불리는 스티그마 효과Stigma effect는 편견이나 잘못된 고정관념으로 부정적 낙인이 찍히면 실제로 그렇게 되는 현상을 말한다. 대단한 성과를 남겨야만 꼭 필요한 사람이고 그렇지 않으면 쓸모없는 사람이라고 낙인찍으면 어느새 우리 자아는 시든 장미가 된다. 화려하게 꽃을 피우지 못하더라도 괜찮은 인생을 만드는 것을 목표로 삼아야 한다. 그래야 꽃을 피우게 될 토양이 부담을 느끼지 않는다.

무엇보다 현실 자아와 이상적 자아 사이의 객관적 평가가 필요하다. 나이에 비해, 주변 사람들에 비해 "해놓은 게 하나도 없다"라고 마냥 푸념만 하지 말고 지금까지 내가 해온 일을 리스트화해 보는 것이다.

나 ○○○는 2020년 ○월, 대학을 졸업했다.

나 ○○○는 2020년 ○월, 운동을 시작한 지 1개월이 되었다.

나 ○○○는 2020년 ○월, 책 한 권을 읽었다.

나 ○○○는 2020년 ○월, 11회 차 적금 10만 원을 부었다.

월트 디즈니 애니메이션 〈겨울왕국 2〉에 다음과 같은 대사가 나온다.

"미래가 보이지 않을 때 할 수 있는 일은 그저 다음 해야 할 일을 하는 것이지."

해놓은 게 하나도 없다고 생각되는 순간 실제 자신이 소유한 항목이나 단순한 실행을 나열해 보라. 'doing good list'를 만들고 아주 작은 일이라도 오늘 한 일을 쭉 적어 보라. 그러면 해놓은 일이 하나도 없다거나 아무것도 갖지 못한 사람이 아니라는 사실을 깨닫게 된다.

"더 이상 나도 어떻게 할지 모르겠어"로 끝내면 안 된다. "그래! 아직 모르는 것뿐이야"라고 생각을 전환시킬 수 있는 계기를 만들어야 한다.

이제 목도리를 뜰 때가 되었다

◇◇◇◇◇◇◇◇◇◇◇◇◇◇◇◇◇◇◇◇◇◇◇◇◇◇◇◇◇◇◇◇◇◇◇◇◇◇◇

오랜 시간 무기력으로 고생한 내담자가 있다. 난파당해 깊은 바다에 가라앉은 배처럼 무려 4년 동안 자신을 시간이라는 감옥에 가뒀던 그녀다. 그러던 어느 날 거실 한구석에 놓여 있던 뜨개실 뭉텅이가 그녀의 눈에 들어왔다. 순간 그녀는 '이제 목도리를 뜰 때가 되었다'라는 생각이 들었다고 한다. 깊은 바다에 잠긴 난파선에 처음으로 햇볕이 들어오는 순간이었다.

다른 사람은 몰라도 자기 자신은 알고 있다. 빨간 구두를 신은 카렌처럼 얼마나 오랫동안 많은 길을 달려왔는지, 발도장으로도 모자라 눈도장과 손도장을 찍기 위해 얼마나 눈치를 보며 살아왔는지 말이다.

그럼에도 지금 당장 무엇을 해야 할지 모르겠다면 연신 깜빡이는 눈꺼풀을 느끼고 꼼지락거리는 손가락과 발가락의 움직임에 신경을 집중해 보라. 아무런 의지가 없는 당신을 위해 24시간 쉬지 않고 펌프질을 해대는 심장의 노고를 생각해 보라. 세상을 보는 눈동자, 냄새를 맡는 코, 맛을 보는 혀, 손가락과 발가락, 목과 무릎 등 내 몸의 움직임을 온전히 느껴 보라.

그리고 기상하는 시간, 밥 먹는 시간, 청소하는 시간을 정하고 거기에 맞춰 움직이는 습관을 들여라. 살아가는 데 가장 기본이 되는 것부터 챙겨야 삶도 질서정연해진다.

난파선에는 원래 보물이 많은 법이다.

자존감,
그 망할 놈의 자존감

그놈의 자존감이 뭐기에…. 정말이지 말하는 나도 지겨울 정도다. 그럼에도 또다시 이 이야기를 꺼내는 이유는 단 하나, 자존감이 바로 '상처를 튕겨내는 단단한 마음의 근육'이기 때문이다. 보통 '자신에 대한 긍정적 신념의 정도'를 자존감이라고 말하는데, 긍정적 신념이 바로 단단한 마음의 근육이다.

불과 몇 년 전만 해도 정작 신경정신과에 와야 할 사람인 정서적 가해자는 오지 않고 오히려 피해자가 숨 쉴 구멍을 찾기 위해 방문하곤 했다. 그러나 요즘은 상황이 좀 달라졌다. 마음의 근육을 단단하게 만들기 위해 자발적으로 진료실의 문을 열고 들어오는 사람이 증가하고 있는 것이다.

40대 이상은 상처를 헤집기보다 버티고 견디는 방법을 선택하는 반면, 2030세대는 적극적으로 상처를 튕겨내는 방식을 선택하는 듯하다. 부모의 손에 이끌려 억지로 진료실을 방문하던 20대가 대부분이었던 과거와 달리 요즘은 20대 친구들이 적극적으로 부모를 모시고 진료실을 찾아온다.

가끔 이런 이야기를 하면 "그런데 왜 우리나라의 20대 우울증 진단율이 그렇게 높은 것이냐"라고 묻는 사람들이 있는데, 이는 다른 연령대에 비해 '진단받는 횟수'가 높아서 나타나는 현상일 뿐이다.

자기처벌의 심리학

물론 우리나라에 있는 20대가 모두 건강한 것은 아니다. 자존감 하면 떠오르는 내담자가 있는데, 이제 막 취업에 성공한 스물일곱 살의 선미 씨가 그 주인공이다.

이상하게도 그녀는 자기보호 의지보다 자기처벌 의지가 강했다. 곤경에 처하면 스스로를 보호하기보다 자기 자신을 비난하기에 바빴다. 스스로 집행자가 되어 자신을 처벌하는 게 습관화된 사람이었다. 이는 매우 자기 파괴적 행동self destructive behavior이다. 자기 파괴적 행동은 크게 능동적 파괴 행위와 수동적 파괴 행위로 나눌 수 있다. 전자는 자해, 폭음, 음주운전, 무절제한 성관계, 수면제나 다이어트 약을 포함한 과도한 약물복용 등으로 신체에 직접적인 가해를 입힌다. 후자는 중요한 시험 전날 계속 딴짓을 하거나, 입사하고 싶은 회사 면접에 지각하는 식으로 스스로에게 해를 끼친다. 무의식적으로 자신에게 이로운 행위를 하지 않는 것이다. 선미 씨가 바로 수동적으로 자기를 파괴하는 유형이라고 할 수 있다. 스스로를 보호할 수 있는 힘을 길러야 한다는 내 말을 들은 그녀는 고개를 가로저으며 말했다.

"아니에요, 선생님. 저는 보호받을 자격이 없어요."

살인을 저지른 죄인도 자신에 대한 연민이 넘쳐난다. 비겁한 자기변명과 자기합리화로 다른 사람들의 속을 뒤집어 놓긴 하지만 그들은 자신을 구원하는데 거침이 없다.

그런데 선미 씨에게는 이런 욕구가 보이지 않았다. 그녀에게 남은 건 자기처벌에 대한 의지뿐이었다. 그녀는 어린 시절부터 '타인의 감독' 아래 자신을 두고 주변 사람의 기분을 상하게 하지 않는 선에서만 움직였다. 무슨 일이 생길 때마다 '나는 쓸모없는 존재야' '나는 피해만 줘' '충분히 혼날 만했어'라는 생각으로 제대로 된 변명 한 마디 못하고 다른 사람이 쏘아대는 비난의 화살을 그대로 맞아 왔다.

이제 막 인생이라는 꽃을 피워야 할 어린 친구가 이런 왜곡과 망각에 빠진 이유는 무엇일까? 한마디로 말해서 비교 때문이다. 그녀의 어머니와 두 살 터울인 언니는 모태 마름으로 평생 53킬로그램을 넘어본 적이 없다고 한다. 하지만 태어날 때부터 조금 통통했던 선미 씨는 아무리 노력해도 엄마와 언니처럼 날씬한 몸을 가질 수 없었다. 어린 시절부터 그녀는 자신도 모르게 언니와 스스로를 비교했고, 엄마에게 사랑받을 수 없는 딸이라고 생각했다. 태어날 때부터 무언가 잘못되었다는 무의식이 그녀 자신을 비교의 덫에 가둔 것이다.

그 결과 선미 씨는 스스로를 '못생긴 사람' '서글서글하지 못해 사람들과 잘 어울리지 못하는 사람' '사랑받을 자격이 없는 사람'으로 결론 내기에 이르렀다.

이런 선미 씨의 생각은 옳지 않다. 정말로 자신의 행동이 마음에 들지 않아서 벌을 주고 싶다면 처벌의 방법을 바꿔야 한다. 자신이 망가지도록 그냥 두는 게 아니라 계획성 있는 생활 습관을 들여 같은 실수를 반복하지 않도록 해야한다. 스스로를 망가뜨리는 행위를 통해서는 그 어떤 문제도 해결할 수 없다.

외적 자존감 & 내적 자존감

자아정체감은 '내가 보는 나'와 '타인이 보는 나'로 완성되는데, 자존감도 마찬가지다. 미국의 심리학자 에이브러햄 H. 매슬로Abraham H. Maslow는 자존감을 내적 자존감과 외적 자존감으로 구분했다. 내적 자존감은 스스로를 소중한 존재라고 여기는 신념인 반면, 외적 자존감은 자신이 타인에게 얼마나 의미 있는 존재로 받아들여지느냐 하는 것과 관련이 있다. 결국 자존감은 '스스로 생각하는 자신에 대한 신념'과 '나

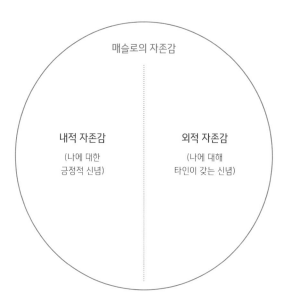

에 대해 타인이 갖는 이미지 또는 신념'의 합으로 이뤄진다.

한 가지 예로 오랜만에 헤어스타일을 바꿨다고 하자. 모처럼 헤어스타일이 마음에 들어 한껏 들떠 있는데, 누군가 "머리를 왜 그렇게 잘랐어? 예전 스타일이 훨씬 나은데…"라고 말한다면 순식간에 기분이 다운된다. 지금까지 마음에 들었던 헤어스타일이 갑자기 얼굴의 단점만 부각시키는 것 같이 보이기도 한다. 역으로 새로운 헤어스타일이 마음에 들지 않아 종일 우울했는데 보는 사람마다 "어머! 세련된 스타일로 바꿨네"라고 칭찬하면 갑자기 없던 자신감도 생겨난다. 이처럼 외적 자존감은 타인의 영향에 매우 민감하게 반응한다.

어린 시절부터 '예쁘다' '잘한다'는 칭찬과 응원의 메시지를 듣고 자란 사람과 '네가 하는 일이 그렇지 뭐' '쓸모없는 인간'이라는 비난과 질책을 듣고 자란 사람이 있다고 생각해 보자. 당연히 전자는 건강한 외적 자존감을 형성하겠지만 후자의 외적 자존감은 상처투성이가 되어 위태로울 것이다. 자존감도 먹고 자랄 양분이 있어야 성장한다. 주변 사람들 가운데 그 누구도 자신에게 바라는 게 없고 기대하는 게 없다면 무엇에서 동기부여를 받고, 무엇으로 힘을 내겠는가 말이다.

우리는 지금까지 작은 목표를 이뤄 성취감을 맛보고, 정확한 자기인식으로 스스로에 대한 믿음을 갖고, 숨어 있는 강점을 찾아 자기효능감self-efficacy을 높이는 방법으로 자존감을 세우라는 이야기를 들어 왔다. 이런 방법을 사용했음에도 여전히 낮은 자존감으로 고민하고 있다면 내적 자존감보다 외적 자존감을 높이는 방법을 강구할 필요가 있다.

나는 나의 구원자다

외적 자존감을 높이는 가장 좋은 방법은 환경에 변화를 주는 것이다. 미술관이나 도서관, 박람회, 공원 등 평소 다니지 않던 공간을 찾고 공연이나 강연, 독서 모임 등에 참석해 새로운 사람을 만나는 것도 도움이 된다.

그렇게 한 번 두 번 모임에 참석하다 보면 자연스럽게 사람들과 친해지는데, 이때 새로 사귄 사람들의 입을 통해 나오는 자신에 대한 평가를 귀담아들어 보라. "귀여운 면이 있다" "매사에 신중해 보인다" "귀걸이가 참 예쁘다" "집중력이 좋다" 등 어떤 말이라도 괜찮다. 그중 의미가 있는 말이 켜켜이 쌓이면 외적 자존감을 회복하는 데 많은 도움이 된다.

실제로 선미 씨는 쌍꺼풀 없는 눈이 콤플렉스였는데, 새로운 모임에서 "피겨 선수 김연아 같은 매력적인 눈을 가졌네요"라는 말을 들은 뒤 자신의 눈이 생각보다 답답해 보이지 않다는 사실을 깨달았다고 한다. 상처를 튕겨내는 마음의 근육이 단단해지고 있는 것이다.

자존감은 결국 자신에게 유리한 것을 취사선택해 나가는 힘이다. 좋은 선택을 많이 할수록 그 삶은 더욱 건강해진다. 나는 우리가 자신에게 형벌을 내리는 집행자가 아니라 자신을 구제하는 구원자가 되기를 바란다. 나의 구원자는 바로 나 자신이다.

'자존감 안전성' 특별 점검 기간입니다

자존감이 낮은 것도 문제지만 반대로 너무 높아서 문제가 되는 경우도 있다. 이런 사람은 자신을 매우 특별하고 소중하며 가치 있는 사람이라고 생각한다. 자신을 여왕처럼 모시거나 기업의 회장님처럼 대우해야 마땅하다고 여겨 상대가 그 기대를 충족시켜 주지 않으면 즉각적으로 폭발적인 공격성을 드러낸다. 이들이 사는 세상에는 상대의 관점이 존재하지 않는다. 오로지 나의 관점, 느낌, 요구만 있을 뿐이다. 상대의 존중받을 권리보다 자신의 욕구를 해소할 권리가 더 크게 발현되는 탓이다. "나를 정말 사랑하긴 하는 거야?" "사랑한다면서 어떻게 이래?"라는 절규가 나오는 이유도 여기에 있다.

친구에게 내 것을 빼앗긴 기분

단짝 A가 자신과 같은 쇼핑몰에서 옷을 구입했다는 이유로 '따라쟁이'로 만들어 버린 민경 씨도 그런 경우다. 자신이 찜해 놓은 원피스를 친구들 모임에 입고 나타난 A를 본 그녀는 참을 수 없는 분노를 느꼈다고 한다.

"그 친구가 제 것을 빼앗아 간 기분이 들었어요."

누가 들으면 민경 씨가 입고 있는 옷을 A가 강탈해 갔다고 오해할 만큼 그녀는 잔뜩 화가 나 있었다. 결국 그녀는 함께 다니는 친구들에게 A를 따라쟁이로 만드는 것으로 복수를 시작했다. 또 무엇을 따라할지 몰라서 함께 다니기가 무섭다며 왕따를 주도한 것이다.

"선생님, 아무래도 A는 자존감이 너무 낮은 것 같아요. 저 같으면 자존심이 상해서라도 그 옷을 안 살 거예요."

이런 말을 하는 사람이 민경 씨만은 아니다. 요즘 "자존감이 낮은 것 같다"라는 말로 상대를 공격하는 사람이 의외로 많다. 정신과 의사도 함부로 내담자의 자존감에 대해 논하지 않는데, 너무 많은 사람이 자신의 잣대로 타인의 자존감을 판단한다. "집안 형편이 어려워서 그런지 그 친구가 자존감이 낮다" "뚱뚱해서 그런지 매사에 부정적이고 자존감도 낮다"라는 식으로 상대의 결핍 요인과 자존감을 한 세트로 묶어 평가절하하기도 한다. 이는 반드시 경계해야 할 잘못된 태도다.

자존감의 총량은 항상 변한다. 절대 일정 수준을 유지할 수 없다. 자존감을 수치화할 수 없지만 예를 들기 위해 100이라는 기준을 설정해 보자.

만약 내가 100의 자존감을 가졌다고 해도 타인에게 상처를 받거나, 소중한 사람에게 상처를 주거나, 감당할 수 없는 실수를 범하거나, 원하는 것을 얻지 못하면 자존감은 100 이하로 떨어진다. 반대로 칭찬을 듣거나, 예상치 못한 행운을 잡거나, 성과를 내고 원하는 것을 얻으면 100 이상으로 올라가기도 한다.

그래서 요즘 정신의학계에서는 자존감보다 '자존감 안정성'에 눈을 돌리는 추세다.

"나, 지금 자존감 안정성이
약간 흔들린 것 같아"

자존감과 자존감 안정성, 언뜻 비슷한 개념처럼 보이지만 엄연하게 다른 개념이다. '높은 연봉'과 '경제적 안정성'이 동의어가 아닌 것과 같다. 자존감이 자신 또는 타인이 나에게 갖는 가치감이라면 자존감 안정성은 단기간에 변화하는 '자존감의 변동폭'을 말한다.

이제 막 사회생활을 시작한 사람이 있다고 하자. 지방에서 올라온 그는 지금 회사 가까운 곳으로 오피스텔을 알아보는 중이다. 서울의 높은 집값에 대해 많은 이야기를 들은 터라 어느 정도 마음의 각오는 했지만 상황이 녹록지 않다. 자신이 가진 보증금으로 작은 원룸이라도 얻으면 다행이다. 이때 대부분은 자존감이 떨어지는 것을 느낀다. 아무리 자존감이 높은 사람이라도 자신의 본질을 건드리는 자극에는 흔들리지 않을 수 없다.

높았던 자존감이 잠시 꺾였다고 해서 그 사람의 자존감이 전반적으로 낮아졌다고 말할 수 있을까? 전혀 그렇지 않다.

그래서 등장한 게 자존감 안정성이라는 개념이다.

    하루에도 몇 번 상한가와 하한가를 오르내리는 주식 그래프처럼 자존감 역시 하루에도 수십 번 높아졌다가 낮아지기를 반복한다. 앞서 언급한 원룸을 구하고 있는 사람의 예를 살펴보자. 이상과 현실 사이에 갭을 실제로 확인했기에 그의 자존감이 잠시 떨어질 수는 있다. 하지만 그날 저녁 친구들을 만나 소주 한 잔 마시면서 자신이 본 집에 대한 이야기를 털어놓는 순간 상황은 달라진다. 건강한 사람이라면 아마 평소대로 자존감이 회복되어 있을 것이다.

    "회사에서 거리가 좀 떨어지긴 했지만 내 형편에 딱 맞는 깔끔한 집을 구했어. 근데 옥탑이야. 루프탑에 대한 로망이 있었는데 잘 됐지 뭐야. 내가 근사하게 꾸며 놓을 테니 올 여름에 고기 구워 먹으러 와."

    자존감 안정성을 안전하게 구축하려면 무엇보다 자존감의 디폴트값^{default value, 기본값}을 높이는 게 중요하다. 자존감이 100인 사람보다 200, 300을 가진 사람이 자존감의 변동

폭이 좁기 때문이다. 1억이라는 종자돈을 가진 사람과 100만 원의 종자돈을 가진 사람 중 누가 더 심적으로 여유가 있겠는가. 당연히 전자다. 그래서 많은 심리학자는 자존감에 연연해하지 말 것을 권한다. 하루에도 몇 번씩 들쑥날쑥 하는 자존감에 목매기보다는 어떻게 하면 자존감 안정성을 높일 수 있을지 고민하는 게 더 현명한 태도다.

이를 위해서는 무엇보다 우리가 사용하는 언어를 바꿀 필요가 있다. 지금부터 "아! 지금 내 자존감이 바닥을 쳤어"가 아니라 "지금 내 자존감 안정성이 약간 흔들렸어"라고 말하는 게 어떨까?

인생에서 버릴 경험은 하나도 없다

아버지의 사업 실패로 20대 중반부터 30대 후반까지 무려 12년 동안 신용불량자로 지낸 내담자가 있다. 개인회생을 끝낸 그녀는 "이제 신용카드를 만들 수 있다"라며 활짝 웃어 보였다. 그녀는 내가 본 사람 가운데 자존감 안전성이 가장 높았는데, 힘든 상황을 스스로 뚫고 나온 힘이 자기신뢰라는 이자로 돌아온 듯했다.

"네 인생에서 버릴 경험은 하나도 없다" 내가 사람들에게 귀가 닳도록 하는 말이다. 기쁜 일이든 힘에 부치는 일이든 전 생애의 관점에서 보면 한 덩이 흙에 불과하다. 지금 우리를 뒤덮은 불행도, 지금 당신을 미치게 만드는 행복도 생의 한 덩이 흙일 뿐 산이 되지는 못한다. 이 한 덩이의 흙을 산으로 만드는 방법은 오직 하나다. 비가 오고 눈이 내리고 바람이 불어도, 때로 몸을 휘청거리게 만드는 태풍을 만나도 뚜벅뚜벅 걸어 제자리로 돌아가는 것이다.

해결하지 못한 감정에는
유효 기간이 없다

민정 씨의 키는 160센티미터, 그녀의 어머니는 171센티미터다. 민정 씨의 어머니는 수수한 딸과 달리 화려한 스타일로, 사람들의 관심을 한 몸에 받아야 만족하는 타입이다. 평소 엄마가 아니라 언니로 보는 사람이 많았는데, 모녀가 함께 외출한 그날도 그랬다.

며칠 전부터 눈여겨봤던 트렌치코트를 사러 옷 가게에 들른 민정 씨. 코트를 입고 거울 앞에 서서 자신의 모습을 꼼꼼히 살펴보고 있는데, 어느 순간 가게에 있던 모든 사람의 시선이 어머니에게로 쏠렸다. 어머니가 민정 씨와 같은 코트를 입고 그녀 옆에 서 있었던 것이다.

사람들은 50대의 나이에도 55사이즈를 소화하는 어머니를 보며 "딸보다 엄마한테 더 잘 어울리네. 엄마가 꼭 모델같아"라고 호들갑을 떨었다. 사람들의 칭찬에 결국 민정 씨의 어머니는 딸과 똑같은 코트를 구매했다. 남자친구와도 입어 보지 못한 커플 옷을 엄마와 입게 생긴 것이다.

3년 전에 있었던 일이다.

그녀가 3년 동안 코트를 입지 못한 이유

얼마 전 민정 씨는 무려 3년 만에 문제의 그 트렌치코트를 꺼내 입고 친구들의 모임에 나갔다. 친구들은 트렌치코트를 입은 민정 씨를 향해 "키가 더 작아 보이네" "온 거리를 쓸고 다니겠는데…" "엄마 옷 빌려 입고 나왔어?"라며 짓궂은 농담을 던졌다. 평소에도 친구들은 아담한 민정 씨를 귀여워 하며 키와 관련된 농담을 자주 던졌다고 한다.

그런데 그날따라 민정 씨의 기분이 이상했다. 평소와 달리 친구들의 말이 농담처럼 들리지 않았던 것이다. 결국 민정 씨는 친구들에게 화를 냈고, 그 때문인지 어정쩡한 분위기로 모임이 끝나고 말았다.

"내가 좋다는데 왜들 그러느냐고, 사람 기분 나쁘게 만든 다고 친구들에게 막 화를 냈어요. 그런데 가만히 생각해 보니, 그 말은 3년 전에 '엄마가 입은 게 더 예쁘다'라고 말하던 사람들에게 하고 싶었던 말이었어요."

민정 씨는 3년 전 일이 이토록 오랫동안 상처로 남아 있을 줄 몰랐다고 말한다. 하지만 친구 모임이 있던 날 그녀가 느낀 불쾌감은 3년 전, 그러니까 과거의 불쾌감이 아니다. 민정 씨가 그 당시 감정을 해결하지 못해 발생한 문제다. 그렇지 않았다면 3년 동안이나 그 코트를 장롱 속에 모셔 놓을 이유가 없다. 친구들한테 화를 낸 것도 같은 이유다. 민정 씨의 감정 자존감이 상처 입은 것이다.

흔히 자존감이라고 하면 하나의 자존감을 떠올리기 쉬운데, 사실은 그렇지 않다. 관계 자존감, 외모 자존감, 스타일 자존감, 감정 자존감 등 각 카테고리별로 자존감에 대한 명

칭을 붙일 수 있다. 모든 카테고리가 대체적으로 만족스러우면 '나는 괜찮은 사람'이라는 신념이 자리하게 되는데, 그 무엇 하나 확실한 것 없는 20대에는 이런 토털 자존감을 갖추는 일이 쉽지 않다.

왜 지금에 와서 그때 이야기를 꺼내는데?

나이와 상관없이 감정 자존감을 제대로 갖추기 위해서는 앞으로 이야기할 4단계 과정이 필요하다. 1단계는 감정에 시제를 붙이지 않기, 2단계는 자신에게 온 감정을 담아내기, 3단계는 해결하지 못한 감정 정리하기, 4단계는 감정 표현하기다. 먼저 1단계인 감정에 시제를 붙이지 않은 방법부터 살펴보자.

민정 씨를 보면 우리나라 사람들이 공통적으로 지닌 잘못된 습관이 보이는데, 바로 감정에 시제를 붙이는 것이다. 그녀는 3년 전에 있었던 일을 지금에 와서 이야기하는 자신이 이해되지 않는다고 한다. 별일 아닌데도 자신이 예민해 그런 거라며 자책감까지 느끼고 있다.

어린 시절 엄마의 말에 상처를 받은 아이가 성인이 되고 나서 그 이야기를 꺼내면 대부분 "기억이 나질 않네" "깊이 생각하고 한 말이 아니잖아" "그게 뭐 중요한 거라고 아직도 기억하고 있어"라는 말을 한다.

회사에서도 마찬가지다. 자신에게 자꾸 실수를 덮어씌우는 팀장에게 진절머리가 난 한 내담자가 있었다. 결국 팀장과 크게 한판 붙었는데 팀장이 사과를 하기는커녕 "왜 지금에 와서야 그때 이야기를 꺼내느냐"고 하면서 오히려 '뒤끝 있는 사람'으로 취급했다고 한다.

우리는 지금까지 '과거는 과거로 묻어 둘 것' '긁어 부스럼을 만들지 말 것' '앞으로 나갈 생각만 할 것'이라는 암묵적 룰 가운데 살아왔다. 그 결과 과거에 얽매이는 자신을 예민하다고 다그치며 부정적이라고 낙인찍는 사람이 많아졌다.

바다에서 헤엄치고 있을 때는 바다의 규모를 파악하지 못한다. 육지에 올라와야 비로소 전체 풍경이 눈에 들어온다. 감정의 바다도 마찬가지다. 누구나 감정이 발화된 시점에서는 그 감정을 오롯이 파악하거나 처리하는 게 불가능하다.

일정한 시간이 지난 뒤에야 그 감정이 무엇인지, 왜 생겨났는지, 자신에게 어떤 영향을 끼쳤는지 알 수 있다. 흔히 말하는 이불 킥을 하는 이유이기도 하다.

이런 관점에서 보면 '과거의 일_{감정}을 들추는 행위'는 지극히 보편타당한 일이다. 그러므로 해결하지 못한 감정이 남아 있다면 앞으로는 이렇게 이야기하자. "3년 전의 일이잖아요"가 아니라 "아직도 유효한 문제거든요"라고 말이다. "이미 지난 일인데 이제 와서 문제를 삼느냐"가 아니라 "지금도 중요한 일이구나"로 말이다.

해결하지 못한 감정에는 유효 기간이 없다.

여덟 살 꼬꼬마 시절에 부모의 이혼으로 불안감을 갖게 된 남성이 있다. 그는 성인이 되고 나서도 이유 모를 불안감에 힘들어 했는데, 이런 불안감을 극복할 목적으로 '카레이서'라는 직업을 선택했다. 그러나 여전히 해결하지 못한 감정이 남아 있기에 그의 감정 발화 시점은 여덟 살에 머물러 있다.

한번 상처 입은 감정은 그것을 제대로 치유하기 전까지 계속 새로운 문제를 만들어낸다. 그러므로 자신이나 타인의 감정에 '시제'라는 객관적 증거를 들이밀며 그 감정을 평가 절하하거나 업신여겨서는 안 된다. 감정의 발화 시점은 언제나 현재진행형이다.

감정 클리어 리스트 작성하기

2단계는 자신에게 온 감정을 잘 담아내는 것이다. 감정에 시제를 붙이는 습관을 바로잡았으면 이제는 자신에게 도착한 감정을 잘 담아내야 한다. 상처 난 감정을 알아차리는 것만으로도 감정 자존감은 상당 부분 회복된다.

감정이 '딩동' 하고 마음에 벨을 누르는 그 시점을 주목해야 한다. 민정 씨가 친구들의 짓궂은 놀림으로 3년 만에 자신의 감정을 알아차렸듯이 말이다. 이때는 '내가 서운함을 가지고 있었구나' '괜찮다고 말했지만 내심 속상했구나'라고 감정을 읽어줄 필요가 있다. 어린 아이가 엄마의 인정을 원하듯 감정도 자신의 주인에게 인정받고 싶어 한다.

자신에게 온 감정, 지나쳐 가는 감정을 놓치지 않으려면 '감정 클리어 리스트'를 작성하는 게 좋다. 작성 방법은 다음과 같다.

좋은 감정이든 나쁜 감정이든 특정한 감정을 느낀 날, 그 감정을 느끼게 한 상황이나 사건을 Do List에 적는다. 가장 먼저 스친 감정은 Emotion, 감정이 발생한 시점은 S-Day에 적어 두는데 생각나지 않으면 건너뛰어도 괜찮다. 감정을 알아차린 날이 더 중요하기 때문에 이와 관련해서는 R-Day에

감정의 클리어 리스트					
No	Do List	Emotion	S-Day (발화시점)	R-Day (인지시점)	○, △, x
1	트렌치코트 사건	불쾌함, 모욕감	3년 전	3년 뒤	x
2					
3					
4					
5					
6					

기재하면 된다. 스스로 판단하기에 해당 감정이 완전히 해소되었으면 동그라미, 중간 정도로 해소되었으면 세모, 전혀 해소되지 않았으면 엑스로 표기한다. 여기서 가장 중요한 감정은 엑스로 표기한 해결하지 못한 감정이다.

묵은 감정을 독립시켜라

3단계는 해결하지 못한 감정을 찾아내어 마주하는 것이다. 사람마다 '취약한 감정'이 다른데, 이 부분이 해결되지 못한 감정으로 남는 경우가 많다. 예를 들어 착한 여자 콤플렉스를 가진 사람은 유독 죄책감이나 미안함에 취약하고, 자존심이 센 사람은 수치심이나 모욕감에 취약하다. 그래서 착한 여자 콤플렉스에 빠진 여성은 늘 자신이 죄인 같고, 자존심이 센 사람은 늘 자신이 갑의 위치에서 대우를 받아야 한다고 생각하는 것이다.

유독 엄마에게 취약한 민정 씨의 경우를 보자. 당시 민정 씨의 감정이 해소되지 않았던 이유는 여러 감정이 동시에 몰려왔기 때문이다. 이를 간단하게 정리하면 다음과 같다.

- 엄마에 대한 미안함: 엄마에 대한 칭찬을 자신에게로 돌렸을 때 엄마가 무안함을 느낄 것에 대한 미안함

- 자신이 느낀 불쾌감: 엄마의 들러리가 된 것에 대한 당혹스러움

3년 전 민정 씨는 엄마에 대한 미안한 감정과 자신이 느낀 불쾌함을 선택해야 하는 상황에서 전자를 먼저 챙겼다. '엄마에게 미안한 감정이 들지 않도록 처신해야지'라는 마음이 자신의 상처를 회피하는 결과를 만들어낸 것이다. 그렇게 방치된 불쾌함은 자신도 모르는 사이 분노라는 더 큰 감정으로 화력을 키워 나갔고, 그 결과 그녀가 친구들을 공격하도록 만들었다.

지금 민정 씨에게 필요한 것은 감정 독립이다. 엄마의 감정과 자신의 감정을 분리하고, 엄마의 상처보다 자신의 상처를 먼저 다독여주는 작업을 시작해야 한다. "곳간에서 인심 난다"는 말이 있듯 자신의 감정을 제대로 처리해야 타인의

감정도 제대로 읽어줄 수 있다.

민정 씨에게 제대로 된 감정 관리를 위해 '해결하지 못한 감정 기록'을 작성하도록 권했다. 다음 표를 보면 알 수 있듯 가장 먼저 해소되지 않은 감정의 종류를 적은 다음, 그 감정이 얼마나 됐는지 연차를 적으면 된다. 그러고 나서 가만히 살펴보면 '이 감정이 5년이나 됐어? 5년이나 끌고 올 만한 감정이었을까?' '벌써 10년이 넘었네. 이 감정은 그만 보내주는 게 낫겠군' 하는 생각이 들 수도 있다. 이처럼 감정의 연차는 감정을 정리하는 기준이 되기도 한다.

해결하지 못한 감정 기록을 통해 해소되지 않은 감정을 확인하고 개선 방향을 정리하다 보면 '내 감정에 전복당하지

해결하지 못한 감정 기록	
감정	불쾌감
X 감정 연차	해결하지 못한 지 3년차
사건	트렌치코트 사건(백화점, 친구와의 다툼)
행동	1. 친구들에게 사과하기 2. 엄마가 아니라 친구들과 쇼핑 다니기 3. 트렌치코트 입고 다니기

않고, 감정을 컨트롤할 수 있다는 기분 좋은 신념'이 생겨난다. 이게 바로 우리가 지향해야 할 감정 자존감이다.

내 감정의 표현 방식

감정 자존감을 높이는 마지막 단계는 감정 표현하기다. 예상외로 많은 사람이 자신의 감정을 적정 수준으로 표현하지 못한다. 더 나아가 자신의 감정을 대충 처리하려는 태도를 보이기도 한다. 이는 매우 위험한 행동이다.

오랫동안 감정과 행동의 상관관계를 연구한 뇌 과학자들은 "감정이 행동의 방향을 결정짓는다"는 사실을 알아냈다. 누적된 감정과 행동이 어떤 일에 대한 '고정된 태도'를 갖게 한다는 것이다.

상담하다 보면 기분이 행동이 되고, 기분이 말이 되고, 기분이 생각이 되는 사람이 많다. 이것을 다른 말로 표현하면 감정이 행동이 되고, 감정이 말이 되고, 감정이 생각이 되는 것이다.

감정이 시키는 대로 행동하는 것은 어린 아이나 하는 짓이다. 게다가 이런 태도는 늘 손해를 불러온다. 나 역시 이런 시절이 있었다. 개업 초기, 성격이 워낙 급해 일처리가 늦어지는 것을 기다리지 못했다. 원하는 게 있으면 상대에게 바로 전화를 걸어 시정하도록 요구했다. 행여 마음에 들지 않는 결과가 나오면 바로 화를 내는 등 경솔하게 굴기도 했다. 사회생활에서는 '마땅한 일'은 존재하지 않으며, 내 '감정의 사정'을 상대에게 강요했다는 사실을 깨닫기까지 꽤 오랜 시간이 걸렸다.

이런 실수를 범하지 않으려면 자기감정의 표현 방식을 체크해 보는 게 좋다.

자기감정의 표현 방식을 작성하는 방법은 다음과 같다. 오늘 하루 자신을 괴롭히거나 행복하게 만든 대표 감정을 선택한 다음 1에서 5까지 그 감정이 느껴진 강도를 표시한다. 만약 분노가 5이고, 불안과 수치, 우울, 무력, 슬픔, 기쁨이 3 이하라면 이 날의 대표 감정은 분노가 된다.

그리고 자신이 대표 감정을 어떻게 표현했는지 떠올려 보

자기감정의 표현 방식 (1day)			
감정	강도	표현하는 방법	감정이 발생하는 상황
분노	1 2 3 4 5	시정하도록 요구하기	피드백이 늦어질 때
불안	1 2 3 4 5	말 많이 하기	신경전이 벌어질 때
수치	1 2 3 4 5	꾹 참기	날 안주거리로 삼을 때
우울	1 2 3 4 5	과식, 폭음하기	엄마랑 다퉜을 때
무력	1 2 3 4 5	잠만 자기	희망이 없을 때
기쁨	1 2 3 4 5	혼자서 춤추기	원하는 바를 이뤘을 때
이 날의 대표 감정 : 5레벨의 분노			

라. 예를 들어 분노를 느꼈을 때 축소 또는 외면했는지, 확대 폭발하여 아무 상관없는 사람에게 화풀이를 했는지 등을 살펴보라는 말이다. 대부분의 감정 표현은 무의식적으로 이뤄지기 때문에 감정을 제대로 표현하고 있는지 반드시 체크해볼 필요가 있다.

행복을 어색해하지 마라

"저는 화를 잘 참는 편이에요"라고 말하는 내담자도 있는데, 말은 그렇게 해도 얼굴 표정이나 제스처를 보면 크게 화가 나 있는 것을 금방 알 수 있다. 굳이 '나 화났어요'라고 말하지 않아도 주변 사람들이 먼저 알아채고 눈치를 보게 만드는 경우다.

자신이 어떻게 감정을 표현하는지 잘 모르겠다면 주변 사람들에게 물어보는 것도 좋다. "내가 불안해하는 것을 어떻게 알았어?" "화났을 때 내 표정이 어떻게 변해?"라고 물어본 뒤 이를 정리해 기록하면 된다.

지금까지 너무 부정적인 감정에 대해서만 말했는데, 기쁨이나 행복 등 긍정적인 감정도 놓쳐서는 안 된다. 이상하게 우리나라 사람들은 행복한 순간에도 불행을 떠올리며 행복한 감정을 오롯이 즐기지 못한다. "나는 행복할 자격이 없어" "언제나 그렇듯 곧 불행이 닥칠 거야"라고 말하며 스스로를 격하시켜 행복할 자격을 박탈하려고 든다. 누구의 말처럼 행복을 어색해하는 느낌이다.

　"먹는 음식까지가 하나의 운동이다"라는 말이 있다. 감정도 마찬가지다. 일련의 감정을 느끼고 나서 그것을 표현하는 것까지가 하나의 감정 활동이다. 이것을 잘하는 사람일수록 감정 자존감은 높아질 것이다.

chapter 3

타인의 인생을 밑천으로 도박을 하려면
네 인생도 같이 걸어야지

feat. 성장이 필요한 당신을 위한 심리 테라피

고립된 왕은
한낱 개인일 뿐이다

"저는 열아홉 살 11월부터 사회에서 '기타'가 되었어요."

처음 상민 씨의 이야기를 들었을 때는 그가 말하는 '기타'의 정확한 뜻을 알 수 없어 고개를 갸웃했다. 그러나 얼마 지나지 않아서 나는 우리 사회가 평범함이라는 잣대를 들이대며 얼마나 많은 사람을 제도권 밖으로 밀어내는지 다시 한번 느낄 수 있었다.

그가 말한 11월은 수능시험을 본 달이다. 대한민국이 온통 수능생을 위해 들썩이던 그날, 상민 씨는 스스로 '비주류 인생의 길'로 들어섰다고 말한다. 특성화고등학교를 졸업한 뒤 취업 전선에 뛰어들었기 때문이다.

친구들이 토익 시험을 준비하는 동안 그는 업무에 필요한 실무 자격증을 취득했다. 그리고 또래들이 도서관에 틀어박혀 학점 관리를 하는 동안 그는 실무 경력을 쌓았다.

"친구들은 이제 대학교를 졸업하는데, 저는 벌써 사회생활 6년 차예요."

나에게는 평범한 일상,
누군가에게는 닿을 수 없는 이상

하지만 여전히 그는 "상민 씨가 몇 학번이죠?"라는 질문을 받을 때마다 심장이 접히는 기분이 든다고 한다. '고졸'이라는 대답을 하면 잠시 정적이 흐르고 질문을 한 사람은 황급히 화제를 돌리는데, 그 순간 상민 씨는 더 큰 상처를 받는다. '아, 너는 KS마크가 없구나' '너는 정품이 아니구나' '너는 표준이 아니구나'라는 사실을 재차 확인받는 느낌 때문이다.

남들에게는 아무렇지도 않은 질문이 자신의 초라한 현실을 확인하는 도구가 되어 버린 세상에서, 스스로를 함량 미달이라고 표현하는 상민 씨에게 나는 감히 어떤 위로도 건넬 수가 없었다.

상민 씨는 지금 철저하게 혼자다. 아니 고립되어 있다는 표현이 더 정확할 것이다. 그를 괴롭히는 고립감은 크게 자발적 고립감과 사회적 고립감으로 나뉜다.

먼저 자발적 고립감은 어떤 일을 도모하기 위해 스스로 잠수를 타거나 무언가에 몰두하는 과정에서 사람들과 멀어질 때 불가피하게 수반되는 외로운 감정이다. 반면 사회적 고립감은 본인의 의사가 전혀 반영되지 않은 상태에서 일방적으로 배척당했을 때 느껴지는 감정이다. 집단으로부터 떨어졌을 때 찾아오는 소외감, 외로움, 허탈함, 박탈감, 불안함 등을 예로 들 수 있다.

자발적 고립감이 애착의 문제라면 사회적 고립감은 시스템의 문제에 더 가깝다. 개인이 해결하기 어려운 사회 구조의 병폐로 생겨난 감정이다 보니 해결책도 마땅치 않다.

부동산 부자, 주식 부자, SNS 셀럽 등 화려한 삶을 자랑하는 인플루언서가 넘쳐나는 세상이다. 가난한 사람은 자신이 왜 유튜브로 돈을 벌지 못했는지, 왜 부동산 투자를 할 수 없는지 그 이유라도 설명해야 할 것 같은 압박감에 시달린다. 실제로 진료실에서 만난 사람 중 상당수가 자신이 부자가 될 수 없는 이유를 설명하는 데 많은 시간을 할애한다.

운 좋게도 능력 있는 부모를 만나 별다른 어려움 없이 학업에 전념할 수 있었던 사람들은 말한다.

"저도 별거 없었어요. 그저 공부만 했는걸요. 친구들이 자꾸 저보고 금수저라고 말하는 게 기분 나빠요."

그런데 그 당연한 공부조차 당연하게 할 수 없는 사람이 너무 많다.

한 가지 예로 경제적 여유가 있는 집에서는 자녀가 공부를 못하면 학원에 보내거나 과외를 붙이거나 유학을 보내는 식으로 서포트를 해준다. 형편이 여의치 않은 가정의 경우에도 자녀의 학업을 서포트하기 위해 애쓰는 건 비슷하다. 다만 방법에 큰 차이가 있다. 이런 가정의 경우 부모는 아이의 학원비를 벌기 위해 맞벌이를 시작한다. 부모의 늦은 귀가 시간과 비례해 아이는 혼자 있는 시간이 많아진다.

아이는 학원에서 국어와 영어, 수학을 배우지만 부모로부터 마땅히 배워야 할 기본적인 삶의 규칙은 배우지 못한다. 계획을 세우고, 정리정돈을 하고, 경계를 만들고, 약속을 지키고, 동기를 부여하고, 적절한 보상을 받고, 자율성을 보장받고, 연대감을 누리는 방법 등이 바로 그것이다. 인생에서 가장 중요한 정서적·감정적 학습이 누락되는 것이다. 너무도 불공평한 시작이다.

어떤 사람들은 시간은 공평하지 않느냐고, 그 공평한 시간을 허비하지 않고 잘만 활용하면 얼마든지 스스로 일어설 수 있다고 말한다. 안타깝게도 시간 역시 절대 공평하지 않다. 어떤 사람은 하루 중 절반을 헬스클럽과 학원에 다니며 자기계발에 몰두하지만, 어떤 사람은 그 시간에 고기 불판을 닦고 배달 음식을 실은 오토바이를 타고 도로 위를 달려야만 한다. 나에겐 평범한 일상이지만 다른 누군가에게는 그것이 닿을 수 없는 이상일 수도 있다는 말이다.

경력이 학력을 이긴다

그 평범한 일상을 누리지 못해 열아홉 살 11월부터 철저하게 '기타'이자 '함량 미달'로 분류된 상민 씨는 자신을 어느 곳에서도 환영받지 못하는 사람이라고 표현했다. 학력이나 경력, 능력, 집안, 외모, 키, 유머감각 등 무엇이든 자신보다 우월한 사람과 함께 있으면 주눅이 든다고 했다. 곱슬머리가 콤플렉스인 그는 단정하게 보이는 직모를 가진 사람만 봐도 '나와 다른 사람'이라고 느끼고 있었다.

결국 상민 씨는 무리에서 떨어져 나와 물끄러미 그들을 바라보기 시작했다. 고립감이라는 덫에 발목을 잡힌 것이다. 그는 주변 사람이 아니라 자신이 스스로를 고립시키고 있다는 사실을 전혀 인지하지 못하고 있었다.

고립감에서 벗어나기 위한 방법에는 여러 가지가 있는데, 다음의 세 가지 방법을 추천하고 싶다. 첫 번째는 자책을 멈추는 것, 두 번째는 판타지를 깨부수는 것, 세 번째는 연대감을 형성하는 것이다.

가장 먼저 자책을 멈추는 방법에 대해 알아보자. 자기비하는 현재와 미래에 대한 부정적 이미지를 만들어낸다. 내부에서 오류가 일어나 모든 문제의 원인이 외부가 아닌 내부, 즉 '내가 못나서' 발생한 거라고 생각하게 만든다. 그러나 이는 사실이 아니다.

애당초 열등감은 혼자 느낄 수 있는 감정이 아니다. 비교할 대상이나 부러운 환경이 없다면 생겨나지 않았을 감정이라는 뜻이다. 그러므로 다른 사람이 안겨주는 열등감이나 박탈감, 허탈감을 그냥 받아들여선 안 된다. 팩트와 열등감을 구분하는 힘을 길러야 한다. 상민 씨를 예를 들면, 그는 현재 방통대를 다니며 공부와 직장생활이라는 두 마리 토끼를 잡고 있다. 자신의 노력에 충분한 자부심을 가져도 된다.

미국 역사상 가장 존경받은 퍼스트레이디로 꼽히는 엘리너 루스벨트Eleanor Roosevelt는 "열등감이 생겨난 것은 내가 열등감에 동의했기 때문이다"라고 말했다. 나는 상민 씨가 이 말을 꼭 기억하길 바란다.

얼마 전 고등학교를 졸업하고 바로 스타트업 컴퍼니를 시작해 어느 정도 자리를 잡은 30대 중반의 CEO를 만났다. 그는 대학 졸업자 50퍼센트, 고등학교 졸업자 50퍼센트 비율로 직원을 채용한다고 한다. 고등학교 졸업자에 대한 이야기를 나누던 중 그가 인상 깊은 말을 남겼다.

"회사를 10년 정도 운영하다 보니 경력이 학력을 이기는 순간이 오더라고요. 내 새끼도 아닌데 어찌나 예쁜지 진짜 동네방네 자랑하고 싶다니까요. 저도 고졸이라서 그 친구가 어떤 노력을 했을지 너무 잘 알거든요."

"경력이 학력을 이긴다" 학력 판타지로 마음고생을 하는 사람을 너무 많이 봐 왔기에 나는 이 말에 깊이 공감할 수밖에 없었다.

애초부터 완벽한 동그라미는 없다

고립감에서 벗어나는 두 번째 방법은 판타지를 깨부수는 것이다. 상민 씨처럼 '나만 못 가진 사람'이라는 인식이 성립되기 위해서는 '다른 사람은 모든 것을 가졌다'라는 전제가 있어야 한다. '내 인생은 특별할 거라는 판타지' '나만 빼고 모든 사람이 행복해 보인다는 판타지'가 얼마나 허황된 발상인지 깨달아야만 현재 자신을 압도하고 있는 고립감에서 벗어날 수 있다.

프랑스의 철학자이자 정신분석학자로 '프로이트의 계승자'라고 평가 받는 자크 라캉Jacques Lacan은 "애초에 완전한 동그라미는 없으며 이는 판타지에 불과하다"라고 말했다.

인생을 동그란 파이Pie에 비유해 보자. 우리나라 사람들은 평균적으로 20대에는 진로와 취업이라는 파이, 30대에는 결혼과 출산이라는 파이, 40대에는 내 집 마련이라는 파이, 50대에는 건강이라는 파이에 가장 많은 시간과 에너지를 투자한다.

60대가 되면 이 파이들이 다 채워져 '완전한 동그라미'가 될 수 있을까? 애석하게도 아니다. 특히 건강이라는 파이는 시간이 지날수록 조금씩 줄어드는 특징을 가지고 있다. 애초부터 완전한 동그라미가 만들어질 수 없는 구조라는 이야기다. 20대에 취업과 결혼에 실패했을 수도 있고, 30대에 사업하다가 부도를 냈을 수도 있고, 40대에 건강과 직업을 잃을 수도 있다.

인생이라는 파이는 채우는 것과 줄어드는 것을 수용하는 과정이지 완전한 동그라미를 만드는 과정이 아니다. 어느 누구도 완벽한 파이를 가질 수 없는 게 인생이다. 지금 우리 손에 들려 있는 파이는 전체가 아니라 파이의 일부, 한 조각일 뿐이다. 아니, 반 조각일 수도 있다.

인생 혹한기를 건너고 있는 당신에게

사회적 고립감에서 벗어나는 세 번째 방법은 연대감을 지향하는 자세를 갖는 것이다. 오프라인에서 사람을 만나는 일이 버겁다면 SNS를 통해서라도 관계를 이어가야 한다. 다만 지금까지 알고 지낸 사람 말고 조금 다른 영역의 사람과 풍성한 사회적 관계를 만들어 가길 권한다. 관계에 있어서는 '나와 너'가 아니라 '사회와 나'를 중심으로 두는 게 핵심이다.

1회성 재능 기부, 불우이웃 돕기 등 봉사 활동은 물론 일회용품을 줄이기 위한 텀블러 사용도 사회적 관계 맺기의 일환이 될 수 있다. 이런 행위는 사회가 나를 받아주길 기다리는 수동적 태도에서 내가 먼저 다가서는 능동적 태도로 마음가짐의 변화를 불러온다.

"고립된 왕은 한낱 개인에 불과하다"는 말이 있다. 한 나라의 왕이라도 명령을 들어줄 사람이 없고 수행할 사람이 없으면 아무런 힘을 갖지 못한다.

열아홉 살 11월부터 '기타'가 되었다는 상민 씨가 스물아홉 11월에는 '고립된 왕'에서 '힘 있는 개인'이 되어 있기를 바라며, 인생 암흑기 또는 인생 혹한기를 건너고 있는 당신과 나의 건투를 빈다.

'인정 욕구'의 끝판왕,
'인증 자아'의 등장

"우울하다고 이야기해 봤자 분위기 망치지 말라는 소리나 듣죠. 저 혼자 편하자고 다른 사람까지 우울하게 만들 필요도 없고요. 친구들한테 속내를 드러내지 않은 지가 좀 됐어요."

주변 사람에게 아픈 마음을 털어놓으면 위로는커녕 진지충, 고민충, 오글거리는 감성쟁이라는 이야기를 듣기 일쑤다. 도대체 언제부터 타인에게 우울한 마음을 표현하는 게 부담스럽고 불편한 일이 되었을까.

어린 시절부터 '성격 좋다'는 말을 자신의 이름만큼이나 자주 듣고 자란 지수 씨가 아무도 모르는 깊은 우울감을 끌

어안고 진료실을 찾아왔다. "주변 사람들은 제 속이 이렇게 망가졌을 거라고는 생각지도 못할 거예요."라며 눈물을 한 바가지 쏟아낸 그녀는 '밝고 명랑한 사람'이라는 사회적 이름표를 떼기가 어렵다고 했다.

평소 표정 부자로 알려진 그녀는 자신의 캐릭터에 맞게 인스타그램에 코믹하고 엽기적인 얼굴 사진을 올리는 인플루언서다. 소셜 미디어에서 지수 씨는 누구보다 명랑하고 쾌활하지만 그녀는 스스로를 "속이 시꺼먼 사람"이라고 표현한다. 오늘도 팔로워 관리를 위해 코믹하고 유쾌한 사진을 찍고 왔지만 마음속 어둠이 자신의 모든 것을 삼켜버릴 것 같은 두려움에 하루하루 버티는 게 힘들다고 했다. 전형적인 가면 우울증Masked depression, 우울증 본래의 정신적 증상인 우울한 기분이나 정신 활동의 억제는 거의 알아채지 못하고 신체적 증상만 강하게 자각되는 상태 증상이다.

지수 씨의 겉모습은 한여름 오아시스처럼 쨍쨍하고 청량하지만 마음속은 길고 긴 우기에 접어든 것과 같다. 겉은 바삭하지만 속은 축축한 '겉바속축'이라고나 할까….

나는 인증한다, 고로 존재한다

싸이월드와 블로그 세대는 플랫폼을 통해 자신의 일상을 공유하고 오글거리는 감성을 자랑했지만, MZ세대^{1980년대부터} 2000년대 초에 출생한 밀레니엄 세대와 1990년대 중반부터 2000년대 초에 출생한 Z 세대를 통칭는 다르다. 그들은 '인증 인생'이라는 말이 전혀 어색하지 않을 만큼 일상을 무대화시키는 데 탁월한 능력을 발휘한다.

이들은 각자 준비한 무대에 맞춰 자신을 힙^{Hip}하게 포장하는 능력도 좋다. 그래서일까? 진료실에서 만난 사람들에게서 새로운 자아가 보인다. 바로 '인증 자아'다. 인정 욕구를 능가할 만큼 가히 파괴적 힘을 지닌 게 바로 '인증 욕구'가 아닐까 싶다. 나는 인증한다, 고로 존재한다고나 할까?

문제는 오프라인의 삶과 온라인 삶의 격차다. 소셜 미디어에서 환영받는 사람은 몇 년째 취업을 준비하고, 연애에 실패하고, 대출금을 걱정하는 실제 자기가 아니라 샹들리에처럼 화려하게 빛나는 인증 자아다. 이 인증 자아는 슬퍼서도 안 되고 비루해서도 안 되며 여왕처럼 항상 도도해야 한다. 매일 밤 침대에 누워 미래에 대한 불안으로 밤을 새우는 진짜 자아를 주변 사람에게 보여줄 수 없다. 모든 것이 또렷한데 나만 흐릿해지고 있음을, 모든 것이 비싼 세상에서 나만 저렴해지고 있음을 인정하는 것은 곧 타인의 인정을 받는 데 실패했음을 뜻한다. 이는 죽기보다 싫은 일이다. 독이 든 성배인 줄 알면서도 우리가 자꾸 인증 자아에게 힘을 실어주는 이유도 여기에 있다.

집주인이 오랜 시간 집을 비우면 그 집은 망가진다. 자아도 마찬가지다. 주인이 찾지 않는 빈 집에서 오롯이 혼자 남은 진짜 자아는 할 수 있는 일이 없다. 그저 자신이 망가지기는 모습을 지켜볼 뿐이다.

자기만의 방, 테메노스가 있는가?

명문대 졸업생다운 이미지, 착하고 모범생다운 이미지, 목회자 자녀다운 이미지, 장녀나 장남다운 이미지, 밝고 긍정적인 사람이라는 이미지 등 누구에게나 자신을 대표하는 심리 가면이 있다. 페르소나persona라고 알려진 이 가면은 '위장된 인격'이다. 위장된 인격으로 사는 게 익숙한 사람이라면 그 누구도 가면 우울증에서 자유로울 수 없다.

근심 우憂, 엉클어질 울鬱, 말 그대로 우울증은 마음의 근심이 한데 얽혀 있어 쉽게 풀어내기 어려운 상태를 말한다. 엉클어진 실타래를 풀려면 실의 시작점이나 끝점을 찾아내야 하는데, 이게 말처럼 쉽지 않다. 진짜 실타래는 중간에 끊어낼 수 있지만 근심의 실타래는 이마저도 불가능하다.

우울증에서 벗어나기 위해 가장 먼저 해야 할 일은 '나 = 우울한 사람'이라는 이분법적 사고에서 벗어나는 것이다. 질환과 개인을 구분하라는 뜻이다. 우울증으로 진단을 받았다고 해서 내가 곧 우울의 대명사가 되는 것은 아니다.

자신이 가진 에너지를 '애써 잘 지내는 척'하는 데 사용하는 가면 우울증을 가진 사람은 더 그렇다. 인증 자아를 진짜 자아보다 더 사랑하는 사람은 자신에게 찾아온 마음의 병을 쉽게 인정하려고 들지 않는다. 설사 수용하더라도 우울증을 가벼운 스크래치 정도로 여긴다. 그러나 우울증은 절대 가벼운 스크래치가 아니다. 진짜 자아가 자신이 죽어가고 있음을 경고하는 시그널이다.

우울증에서 벗어날 수 있는 두 번째 방법은 진짜 자아를 풍성하게 만드는 것이다. 앞서 등장한 지수 씨의 경우 인증 자아의 주요 무대인 인스타그램 계정은 그대로 운영하고, 비공개 계정을 하나 더 만들어 남들에게 보여주지 않는 진짜 생활을 올리게 했다. 댓글 수나 좋아요 개수로는 가치를 매길 수 없는 '날것 그대로의 자기 모습'을 말이다. 그러다 보면 어느 순간 내 인생의 B컷도 괜찮다는 것을 느끼는 순간을 맞게 된다. 다만 이때 인증 자아의 활동무대와 진짜 자아의 동선이 겹치지 않도록 주의해야 한다.

카를 G. 융Carl G. Jung은 자기 인생의 B컷을 마음 놓고 전시해도 되는 장소를 '테메노스temenos, 심리적 그릇'라고 불렀다. 일종의 자기만의 방으로, 자신의 열등 기능이 신나게 놀 수 있는 공간을 가리킨다. 이 공간은 어떤 행동을 해도 비난하는 사람이 없기에 잘못을 저질러도 용서되는 종교적 장소와 비슷하다. 평소 다른 사람의 눈치를 보느라 드러내지 못했던 솔직한 모습이 자주 등장할수록 진짜 자아는 건강해진다.

인생이 어떻게 완벽한 A컷일 수 있겠는가. 그동안 숨기느라 제대로 마주한 적 없는 진짜 자신의 모습을 드러내고, 부족함을 숨기고자 열심히 착용했던 열등 페르소나를 벗어던질 권리를 자신에게 주었으면 좋겠다.

배고픈 건 참아도
배 아픈 건 참지 못하는 당신에게

아진 씨의 절친은 소위 말하는 인스타 셀럽이다. 게시물 하나에 수천 개의 '좋아요'와 100개 이상의 댓글이 달릴 정도로 인기가 높다. 처음에는 셀럽을 친구로 둔 게 즐거웠는데 어느 순간부터 그녀는 불편함을 넘어 불쾌함을 느끼고 있다. 집안, 학력, 외모, 남자친구, 취미생활, 하다못해 반려동물까지 뭐 하나 부족함 없는 친구를 보면서 상대적 박탈감relative deprivation에 빠져 지내는 중이다.

상대적 박탈감은 '준거집단과 비교해 자신이 가져야 할 자원이라고 생각한 것을 박탈당했을 때 생기는 불쾌감'을 말한다. 자신은 학자금 대출을 갚기 위해 아르바이트를 여러

개 뛰는데 부모님의 도움으로 새 차를 뽑은 친구를 보았을 때, 자신은 취업을 위해 몇 년째 인턴 생활을 하고 있는데 친구들이 취업에 성공하거나 공무원 시험에 합격했을 때 박탈감을 느끼는 것은 바로 이런 이유에서다. 자신 역시 친구가 이룬 결과물을 간절히 원하고 있으며, 마땅히 그것을 가져야 할 존재이기에 박탈감이 드는 것이다.

상대적 박탈감에서 벗어나는 네 가지 방법

"근데 선생님, 마음이 더 아픈 게 뭔지 아세요? 저희 엄마는 지금까지 스타벅스 한 번 못 가 보셨어요."

아진 씨는 자신의 가족들은 생일에 돼지갈비를 먹으러 가는 게 전부라고 했다. 그런데 인스타그램 속의 친구는 엄마와 백화점에 가고 호캉스를 떠나며 분기마다 가족끼리 해외여행을 간다. 그것도 모자라 금융업계에 다니는 건실한 남자친구와 곧 결혼할 예정인데, 분당에 신혼집까지 마련해 두었다고 한다.

"그 친구를 보면 태어날 때부터 행복한 사람으로 선택받았다는 느낌이 들어요. 이렇게 살 거면 저는 왜 태어났는지 모르겠어요."

상대적 박탈감의 핵심은 박탈감이 아니라 '상대적'에 있다. 상대적 비교와 평가가 따라붙어 괴로운 것이다. 아진 씨는 자신이 불행하다고 말하지만 생일에 함께 돼지갈비를 먹으러 갈 수 있는 가족이 있는 그녀를 부러워하는 사람도 분명 있다.

아래는 상대적 박탈감을 공식화해 표현한 것이다. 앞으로 자신이 소유하고 누리고 싶은 것을 Hope, 현재 하고 있거나 소유하고 있는 것을 Is라고 할 때 이 갭의 불일치를 잘 살펴볼 필요가 있다. 그 불일치의 정도가 상대적 박탈감의 깊이이기 때문이다.

$$상대적\ 박탈감\ =\ \frac{갖고\ 싶은\ 것(Hope)\ -\ 갖고\ 있는\ 것(Is)}{갖고\ 싶은\ 것(Hope)}$$

이 같은 상대적 박탈감을 해소하려면 다음 네 가지 방법을 강구하는 게 좋다. 가장 먼저 '자신이 현재 가지고 있는 것(Is)'을 리스트로 정리한다. 가족이나 친구, 물건, 사진, 취미, 취향 등을 정리하다 보면 자신이 생각보다 많은 것을 소유하고 있다는 사실을 알 수 있다. 모든 문제는 그것을 과소평가하는 데서 시작된다.

인간의 뇌는 기본적으로 부정적이고 자극적인 것에 더 빠르게 대응하도록 프로그래밍화되어 있다. 그래서 대다수 사람은 자신의 부족한 면, 부정적인 면에 대해 확증편향이라는 선택적 사고를 한다. 자신이 불행하다고 생각되면 뇌는 행복한 요소가 아닌 부정적 요소를 기준으로 '디폴트값'을 설정한다. 참고로, 확증편향은 자신의 선입견을 뒷받침하는 근거만 수용하고, 자신에게 유리한 정보만 선택적으로 수집하는 행위를 말한다.

앞서 박탈감을 정의할 때 자신이 가지고 있는 것을 누리지 못하거나 박탈당했을 때 생겨나는 감정이라고 말했는데 정정해야겠다. 박탈감은 자신이 가지고 있는 것들을 과소평가함으로써 생겨나는 감정이다.

절대적 빈곤, 배고픔
VS 상대적 빈곤, 배 아픔

두 번째 방법은 '총체적 비교'다. 물론 박탈감에서 벗어나기 위한 가장 좋은 방법은 지금 당장 비교를 멈추는 것이다. "나는 나고, 너는 너다"라는 생각으로 타인은 타인의 자리에, 나는 내 자리에 그대로 두면 아무 문제도 발생하지 않는다. 그러나 현실적으로 이것은 불가능한 일이다.

그렇다면 박탈감의 핵심인 '상대성'을 이용해 보자. 상대성은 비교를 통해 느끼는 시기나 질투, 좌절감 등의 감정이다. 비교에서 벗어날 수 없다면 현명하게 비교해 보자는 이야기다. 현재라는 일부분에서 벗어나 과거, 현재, 미래의 총합을 두고 비교해 보는 것이다.

과거: "나는 ~을 해왔으며"

현재: "나는 ~을 하는 중이며"

미래: "나는 ~을 해낼 것이다"

자신과 타인의 과거, 현재, 미래를 놓고 비교하면 고작 '일부분'일 수 있는 상대의 성과에 덜 민감해질 수 있다. 비교는 자신이 가진 게 없어 하는 게 아니라 자신이 가진 것을 모른 척할 때 나타나는 나쁜 버릇임을 기억하자.

세 번째 방법은 '거리 두기'다. 박탈감을 준 상대가 자신이 범접하기 어려운 유명인이라면 그나마 낫다. 어차피 길이 다른 사람이니 '전생에 나라를 구했나 보군'이라고 생각하면 끝난다. 그러나 그 대상이 가까운 친구일 때는 이야기가 달라진다. 비극도 이런 비극이 없다. 불편한 감정을 드러내자니 친구와 서먹해질 것 같고, 배배 꼬인 감정을 참으려니 진짜 복통이 느껴질 지경이다.

배고픈 건 참아도 배 아픈 건 못 참는 게 인간이다. 그도 그럴 것이 배고픔은 절대적 빈곤, 절대적 결핍이지만 배 아픈 건 상대적 빈곤, 상대적 결핍이다. 한마디로 상대적 상실감을 불러오는 것이다.

만약 한 친구로 말미암아 현재 자신이 진심으로 불행하다는 생각이 든다면 잠시 심리적 거리 두기를 권한다.

내 것에 집중하면 네 것이 안 보인다

마지막으로 '나 자신에게 집중'한다. 달리기를 해 본 적이 있을 것이다. 달리기만큼 자기 자신에게 집중하기 좋은 운동도 없다. 처음에는 힘들지만 습관이 되면 달리면 달릴수록 상쾌한 기분이 든다.

30분 이상 뛰었을 때 밀려오는 행복감을 러너스하이 Runner's High라고 하는데, 마치 헤로인이나 모르핀을 투약했을 때 나타나는 의식 상태와 비슷하다고 하여 '도취감'이라고도 부른다. 그런데 러너스하이는 달리기를 할 때만 느낄 수 있는 게 아니다. 자신의 목표를 향해 몰입하는 사람이라면 누구라도 경험할 수 있다.

친구와 상대적 비교로 불행의 늪에 빠져 있는 아진 씨와 이야기를 나누던 중 그녀가 자격증을 준비하고 있다는 사실을 알았다. 나는 그녀에게 인터넷으로 정보를 얻지 말고 직접 발품을 팔아 정보를 수집해 보기를 권했다. 인터넷으로 쉽게 정보를 얻다 보면 귀찮아서 포기하는 경우가 많다. 그런데 몸을 움직이면 전혀 다른 결과가 나온다. 현장에서 살아있는 정보도 들을 수 있고, 경쟁자들이 준비하는 과정을 직접 보는 것만으로도 새로운 도전의식이 생긴다.

무엇보다 '나 자신을 위해 무언가를 하고 있다'라는 느낌은 건강한 자기감으로 연결되며, 상대적 박탈감을 줄여주는 효과도 불러온다. 상대에 대한 미움이나 시기심이 자신에 대한 도취감으로 '감정의 맞교환'이 이뤄지는 것이다.

다시 한 번 말하지만 상대적 박탈감은 '상대방이 무엇을 얻었느냐'가 아니라 '내가 무엇을 가지고 있느냐'에 대한 이슈다. '자신을 얼마나 균형 있게 바라보는 시선을 가졌는가'와 관련된 '판단의 문제'라는 말이다.

내 것에 집중하면 남의 것이 보이지 않는다. 비교는 내가 가진 게 없어 일어나는 게 아니라 자신이 가진 것을 외면하고 모른 척할 때 나타난다는 점을 기억하자.

천국에 강아지가 없다면
나는 그곳에 가고 싶지 않다

"천국에 강아지가 없다면 나는 천국에 가고 싶지 않다. 그들이 있는 곳이 곧 천국이다"라는 말이 있다. 반려동물이 주는 정서적 안정감이 워낙 크다 보니 나온 말일 것이다. 천국을 대신할 정도의 유대감을 주는 반려동물을 잃을 때의 상실감은 말로 설명하기 어렵다. 가족을 잃은 것보다 더 큰 상실감을 느끼는 사람도 많다. 문제는 주변의 시선이다.

반려동물을 잃고 장례를 치르기 위해 회사에 연차를 냈다가 "정말 유별나네"라는 말을 들었다며 통곡하던 내담자도 있었다. 가까운 타인의 무관심이 만들어내는 상실감, 이해받지 못한다는 서운함, 절대적 신뢰관계의 부재 등에 따른 펫

로스 증후군pet loss syndrome은 절대 쉽게 볼 문제가 아니다.

7남매 가운데 여섯째로 태어난 하나 씨. 누가 봐도 부모나 가족한테서 관심을 받기 어려운 출생 순위다. 그래서일까? 어린 시절부터 외로움을 많이 탔던 그녀는 자신만의 울타리가 필요하다는 생각에 스물넷 어린 나이에 결혼을 했다. 그러나 외국계 회사에 다니는 남편 역시 너무 바빠서 그녀의 외로움을 채워주지 못했다.

심한 우울증을 겪은 하나 씨는 주변 사람의 권유로 고양이 한 마리를 입양했는데 어느덧 네 마리 고양이를 모시는 집사가 되었다. 그런데 얼마 전 그녀가 가장 예뻐하던 키티라는 녀석이 무지개다리를 건넌 것이다.

"키티가 누워 있던 자리만 보면 가슴이 찢어지는 것 같아요. 산 채로 땅에 묻히는 기분이 들어요."

하나 씨의 이런 사정을 모르는 사람은 "남편보다 고양이가 소중한 거야?" "아직 세 마리나 남았잖아"라고 말했는데, 이는 2차적 가해 행위와 같다.

네 마리 고양이 가운데 가장 낮은 서열로 늘 힘겨루기에서 밀리는 키티는 곧 하나 씨 자신이었다. 부모의 사랑과 관심을 받기 위해 언니와 오빠 사이에서 무던히 투쟁했지만 늘 존재감 없이 소외되어야 했던 어린 시절 자신의 모습을 키티에게서 본 것이다. 사람들은 '고양이 한 마리 죽은 걸로 왜 그리 예민하게 구느냐'고 말하지만, 그녀에게 키티의 죽음은 곧 녀석에게 투영된 자기 자신을 잃은 것과 같다.

이는 '투사적 동일시projective identification'라는 방어기제로 일어난 문제다. 투사적 동일시란, 자신의 내적 세계를 외적 대상에게 쏟아 그 대상을 내면화하는 판타지 과정을 말한다.

나를 찾아온 고통 안으로
기꺼이 걸어 들어가라

평소 우울증이 심한 사람은 매일 아침이 두렵다. 이들에게는 하루 24시간도 살아내기에 너무 긴 시간이다. 아침이 되니 본능적으로 눈을 뜨고, 좌심방우심실이 펄떡이니 숨을 쉬고, 무의식적으로 다리가 움직이니 걸을 뿐이다. 이들에게서는 생의 의지를 찾아보기 어렵다. 이런 상황에서 소중한 대상을 잃은 아픔까지 더해지면 문제는 더욱 심각해진다. 하나 씨는 세상이 끝난 것처럼 슬퍼하는 자신을 이해하지 못하다가 또 어느 날은 키티의 죽음을 서글퍼하지 않는 자신을 미워했다. 충분히 슬퍼하고, 온전히 애도하는 시간보다 스스로를 원망하고 자책하는 데 더 많은 시간을 할애하고 있었다.

지금 하나 씨에게 필요한 건 심리적 수용psychological acceptance이다. 실제 일어난 사건으로 발생되는 현상을 회피하지 않고 온전히 경험함으로써 거기서 파생되는 감정을 방어 없이 수용하는 시간이 필요하다.

심리적 수용은 나에게 찾아온 고통 안으로 기꺼이 걸어 들어가 일련의 모든 감정을 껴안는 것을 말한다. 기쁨이든 슬픔이든 분노든 좌절이든 지금 이 순간 느끼는 감정을 있는 그대로 받아들이는 것이다. 이를 위해서는 "지금 내게 찾아온 상실감도 내 것, 여기에서 파생되는 감정도 내 것"임을 인정하는 자세가 필요하다.

하지만 이 과정이 너무 고통스럽기 때문에 대부분 수용이 아닌 회피를 선택하려고 든다. 하나 씨 역시 마찬가지다. 얼마 지나지 않아 그녀는 키티의 빈자리를 새로운 고양이로 채우고 싶어 했다.

피할 수 없는 아픔이라면 적극적으로 아파하는 것도 나쁘지 않다. 적어도 애도 기간이 끝나기 전까지는 키티의 자리를 비워 놓아야만 한다. 키티의 빈자리를 통해 자신의 삶에도 빈자리가 생길 수 있음을 인정해야 한다. 그다음 반려동물이 아니라 무엇으로 그 빈자리를 채울 것인지 고민해 봐야 할 것이다.

내 마음만큼
내 마음대로 되지 않는 것도 없다

마지막으로 상실감으로 괴로워하고 있다면 그 무엇보다 마음 챙김과 알아차림mindfulness에 집중할 필요가 있다.

세상에서 가장 다루기 어렵고 관계 맺기 어려운 사람은

바로 나 자신이다. 내 마음만큼 내 마음대로 되지 않는 것도 없다. 사람은 누구나 미래에 대한 불안, 해결하지 못한 문제, 누군가에 대한 원망, 과거의 상처 등으로 시끄러운 마음을 가지고 산다. 자신을 잠식하는 부정적 생각이 꼬리에 꼬리를 물고 따라올 때면 어떻게든 그 상황에서 벗어나려고 애쓴다. 이때 필요한 것이 바로 알아차림이다. 모든 판단을 멈추고 그저 있는 그대로를 수용하면서 지켜보는 것이다.

"아, 내가 지금 ○○ 때문에 화가 났구나" "아, 내가 지금 ○○이를 부러워하는구나" "아, 내가 지금 ○○이 하고 싶구나"라는 것만으로도 충분하다. 이렇게 스스로 감정을 알아차리다 보면 자신을 객관적으로 돌아볼 수 있고, 특정 상황에 매몰되는 일도 줄어들 것이다.

내 안에 자리한
권력의지 없애기

시도 때도 없이 화가 난다는 내담자에게 "화가 나서 우울한 거예요? 우울하니까 화를 내는 거예요?"라고 물었더니 '이게 무슨 소린가' 하는 표정으로 나를 바라보던 게 생각난다. 그는 우울감이 매우 높은 사람이었는데, 겉으로 치솟는 분노의 불길만 기억하고 내면의 우울에 대해서는 전혀 인지하지를 못하고 있었다.

분노와 우울을 다른 감정이라고 생각하기 쉬운데 사실 이 둘은 동전의 양면과 같다. 불편한 감정이 밖으로 향하면 분노가 되고 안으로 향하면 우울이 된다.

잘 알다시피 분노는 신체, 감정, 정서, 금전 등에서 자신의 영역이 침범당하거나 자신이 누려 마땅한 권리가 보장되지 않을 때 발화된다. 아무리 생각해 봐도 불공정하고 불공평하다고 느낄 때, 그냥 넘어가기엔 무언가 억울하다는 생각이 들 때 우리는 분노라는 감정을 앞세워 자신의 목소리를 내기 시작한다. 이는 지극히 당연하고 건강한 반응이다. 문제는 분노의 습관화다.

반추적 사고의 부작용

"오늘은 기분이 어떠세요?"

"아침부터 팀장하고 크게 한판 붙었어요. 출근해서 인사했는데, 그 인간이 인사를 안 받는 거예요. 이런 일이 처음이면 말도 안 해요…"

자, 나의 질문을 다시 떠올려보자. 나는 그의 상황이 아니라 기분을 물었을 뿐이다.

"팀장 때문에 아침부터 많이 힘드셨군요. 그래서 지금은 기분이 어떠신데요?"

"그래서 제가 병원에 오려고 택시를 탔는데 택시 기사가 막히는 길만 골라 오는 거예요. 누굴 호구로 보는 건지! 그래서 또 한바탕 했죠. 요즘 왜 이렇게 남의 등 처먹으려는 놈만 넘치는지 모르겠어요."

현재의 기분 또는 감정을 묻는 내게 그가 자꾸 다른 사람과의 트러블을 말하는 이유는 따로 있다. 자신의 의지와 상관없이 분노가 치솟았던 순간을 몇 번이고 다시 생각나게 하는 분노 반추anger rumination 때문이다.

반추反芻는 원래 소나 염소 등 초식동물이 한번 삼킨 먹이를 게워내어 다시 씹는 것을 말한다. 어떤 일을 되풀이하여 음미하거나 반복해 생각할 때도 반추라는 단어를 쓰는데, 분노가 감정이라면 반추는 이 감정에 대한 사고다. 화나는 일을 계속해서 생각하면 즉 반추하면, 덩달아 분노의 감정도 커질 수밖에 없다. 이런 반추적 사고는 분노의 원인을 상대로 돌리고 자신의 행위를 합리화시키는 근간이 되어 또다시 분노할 근거를 만들어낸다.

충동형 분노 폭발형
VS 습관적 분노 폭발형

흔히 분노조절장애라고 부르는 간헐적 폭발성 장애 Intermittent explosive disorder는 이성적으로 화를 조절하지 못하고 과하게 분노를 표출하여 상황을 극단으로 치닫게 하는 성격 장애다. 자신의 의지와 상관없이 폭발적 행동이 발작처럼 일어나며, 간헐적으로 반복되는 특징을 가지고 있다.

분노조절장애는 크게 '충동형 분노 폭발형'과 '습관적 분노 폭발형'으로 구분된다. 충동형 분노 폭발형은 흔히 말하는 다혈질로, 평소에는 차분한 성향을 보이다가 갑자기 공격적 성향으로 돌변한다. 공격의 전환 속도가 얼마나 빠른지 거의 급발진 수준이다. 습관적 분노 폭발형은 "목소리 큰 사람이 이긴다"라는 말을 몸소 실천하는 사람들이다. 이들은 분노를 통해 자신이 원하는 걸 빠르고 효과적으로 얻은 경험이 많다. 그래서 원하는 게 있으면 화부터 내며 상대를 압박하려고 든다.

폭발 장애에 시달리는 사람들은 공통적으로 공격적 충동,

파괴적 충동, 폭력적 충동에 시달린다. 심할 경우 타인은 물론 자기 자신을 파괴하는 행위도 서슴지 않는다.

자신은 물론이고 타인에게도 엄청난 고통을 불러오는 폭발 장애는 마음의 질병이 아니라 뇌질환이다. 사람이 극도의 스트레스를 받으면 이성적 사고를 관장하고, 행동과 감정을 조절하는 전두엽이 짧게는 30초에서 길게는 3분 정도 마비된다. 그 순간 엄청난 분노가 터져 나오는 것이다.

전두엽이 마비된 사람에게 이성적 설득이나 논리적 타협은 먹히지 않는다.

따라서 분노라는 화마가 자신을 집어 삼킨 상황이라면 분노를 불러온 그 현장을 벗어나는 게 급선무다. 머리로 해결할 수 있는 상황이 아니므로 일단 몸이라도 움직여야 한다. 화장실에 가서 숫자를 세거나 구구단을 외우며 화를 가라앉힐 시간을 벌어야 한다.

"화가 나 미치겠는데 애들 장난도 아니고 무슨 숫자를 세느냐"라고 반문하는 사람이 많은데, 이는 이성적 영역을 관장하는 좌뇌를 자극해 극도로 흥분한 우뇌, 즉 감정적 판단 영역을 제어하는 효과가 있다.

화내는 게 가장 쉬웠어요

평소 성격이 급하고 금방 흥분하는 편인가? 중요한 일을 앞두고 화가 나서 일을 망친 적이 있는가? 누군가에게 계속 무시당하는 느낌이 들고, 자주 억울하다는 생각이 드는가? 자신이 하는 일이 잘 풀리지 않으면 쉽게 포기하거나 좌절감을 느끼는가? 자신의 잘못을 다른 사람의 탓으로 돌리며 화를 내지는 않는가? 자신이 한 일을 인정받지 못하면 그것을 참을 수 없는가? 화가 나는 순간 거친 말이 먼저 튀어나오고 폭력을 행사하고 싶다는 충동을 느끼는가?

앞선 질문에 줄줄이 "예스"라고 대답했다면 분노를 습관처럼 활용하고 있는 건 아닌지 생각해 봐야 한다. 분노의 습관화가 진짜 무서운 이유는 사고의 패턴화 때문이다. 인간의 뇌는 단일한 감정을 반복해 사용하면 이를 하나의 패턴으로 해석하여 고정된 성격으로 만들어 버린다. 자신의 의지와 상관없이 부정적인 사람, 예민한 사람, 성격이 나쁜 사람이 되고 마는 것이다.

"화를 내는 게 가장 쉬웠어요."

폭발 장애로 남편과 이혼 위기에 놓인 30대 여성이 진료실에서 한 말이다. 전형적인 자기중심적 사고의 결과다. 물론 그녀의 말이 틀린 건 없다. 자기중심적인 사람에게 화는 복잡한 문제를 간단하게 해결할 수 있는 만능열쇠이고, 자신이 원하는 것을 손쉽게 얻게 해주는 마법의 램프다. 어찌 보면 그녀는 분노의 효용성을 제대로 이해하고 이용하고 있는 셈이다.

이런 사람들은 권력의지will to power가 매우 강하다. 권력의지란, 자신의 열등감과 나약함을 극복하기 위해 힘이나 지배력, 우월성을 추구하려는 보상 행동이다. 오스트리아의 정신의학자 알프레드 아들러Alfred Adler는 열등감을 기반으로 인간의 행동을 이해하려고 했는데, 인간은 열등감에서 생기는 불만감을 극복하기 위해 권력의지를 추구한다고 했다.

권력의지가 강한 사람들은 자신의 우월성을 증명하기 위해 수단과 방법을 가리지 않고 자신의 힘을 과시하며, 사람들에게 지배적인 영향력을 행사하기를 즐긴다. 결국 분노 표출은 자신의 열등감을 보상받기 위한 권력의지의 표출이라고 말할 수 있다.

지금 당신의 권력의지는 어떤 수준에 도달해 있는가? 점검이 필요한 때다.

chapter 4

도대체 힘은
어떻게 내는 건가요?

feat. 용기가 필요한 당신을 위한 심리 테라피

힘을 낼
힘이 없어요

미디어에서는 연일 밀레니엄 세대들이 '노력혐오주의'에 빠져 있다는 메시지를 쏟아낸다. 그런데 내 생각은 조금 다르다. 노력혐오주의가 아니라 '노력허무주의'가 맞다.

"여자는 태어나는 것이 아니라 만들어지는 것이다"라는 말로 유명한 프랑스의 실존주의 소설가이자 사상가인 시몬 드 보부아르Simone de Beauvoir는 자신의 소설《미국 여행기》에서 "오늘날의 신세계는 구세계만큼이나 경직되어 버렸고 노동자의 업무는 세밀하게 정해져 있다. 기회 역시 고정되어 개인은 출발부터 열린 미래를 갖지 못한다. 톱니바퀴 속에 자리 잡은 개인의 위치가 그의 인생 전체를 결정한다"라고 말했다. 요즘 들어 이 문장이 자꾸 생각나는 이유는 사회적으로 여러 이슈를 만들어내는 밀레니엄 세대 때문이다.

병원에서 온종일 2030세대와 이야기를 나누다 보면 정말이지 애틋하고 안쓰럽고 안타깝다. 완벽하게 세팅이 끝난 사회라는 문 앞에서 그들이 느끼는 절망감이 얼마나 크고 무거울지 나는 감히 상상도 못 하겠다. 열린 미래가 아닌 닫힌 미래, '사회라는 문'을 열어 보기도 전에 '사전 예약 끝'이라는 거절의 메시지를 반복적으로 받아야 하는 이들의 심정을 어찌 말로 설명하겠는가. 진료실에서 이들을 반복적으로 만나다 보니 기성세대인 나조차 제대로 싸워 보기도 전에 지고만 기분이 든다.

이 친구들의 마음을 대변하는 듯한 시가 한 편 있어 소개하려고 한다. 이규경 시인의 '용기'라는 시인데, 개인적으로도 참 좋아하는 글이다.

용기 _ 이규경

넌 충분히 할 수 있어
사람들이 말했습니다.

용기를 내야 해
사람들이 말했습니다.

그래서 나는 용기를
내었습니다.

용기를 내서 이렇게
말했습니다.

나는 못해요.

도대체 힘은 어떻게 내는 건가요?

"사회가 들어오지 말라고 하는데 저 혼자 우격다짐으로 들어가겠다고 떼쓰는 느낌이에요."

입사 지원서를 내고 이미 몇 차례 탈락의 고배를 마신 누리 씨는 일찌감치 취업을 포기했다. 취업준비생에서 공시생이라는 타이틀로 갈아탄 지도 벌써 3년. 그는 자신이 다니는 도서관 창문을 통해 '스트레스 클리닉'이라고 적힌 우리 병원의 간판을 보았다고 한다. 막연하게 '언제 한번 가 봐야지' 했는데 오늘이 바로 그날인 셈이다.

"전생에 제가 분서갱유를 주도했나 봐요. 그렇지 않고서는 평생 죽어라 공부만 하고 있는 제 인생이 설명되지 않아요."

자신의 상황을 위트 있게 설명했지만 사실 그는 매우 불안해하고 있었다. 취업 준비를 하자니 늦었고, 공부를 계속하자니 자신이 없는 상태다. 이런 때는 인생의 파이를 그려 놓고 취업과 공부가 차지하는 비율과 그 규모를 점검하는 게 중요하다. 그래야만 어중간한 위치에서 벗어나 어느 한쪽으로 마음을 둘 수 있다. 주변 사람들의 도움도 필요하다. 안 그래도 위축되고 소심해진 사람에게 찬물은 끼얹지 말아야 한다. 누리 씨의 이야기를 들어 보자.

"오늘 아침 엄마가 '너는 끈기가 없으니 그냥 아무 곳이나 취직하는 게 낫겠다'라고 말씀하셨어요. 근데 선생님, 제가 가고 싶어도 갈 곳이 없어요. 그냥… 모든 게 허무하네요."

허무함과 무력감, 2030세대가 가장 많이 호소하는 감정이다. 그런데 이들이 호소하는 허무함과 무력감은 다른 세대들과 결이 조금 다르다. 이들의 허무함은 '생산성에 기여할 기회'마저 주어지지 않을 때 나타나고, 이들의 무력감은 원하는 일에 참여하기는 했는데 '원하는 결과가 나오지 않았을 때' 찾아온다.

누리 씨 역시 무력감이라는 버스에서 내려 허무함이라는 번호표를 달고 있는 버스로 환승하고 있는 중이다. 이런 사람에게 해서는 안 될 말이 두 가지 있다. 바로 "힘내"라는 말과 "파이팅"이라는 말이다. 힘을 낼 힘도 없는 사람에게 "파이팅"만큼 잔인한 말도 없다. "힘내"라는 말이 오히려 극도로 무기력한 자신의 모습을 마주하게 하는 도화선이 될 수도 있다. 응원의 의미로 하는 말이겠지만, 넘어진 사람의 어깨를 다시 짓누르는 위장된 폭력이 될 수 있으니 주의해야 한다.

이때는 그냥 묵묵히 옆에서 바라보는 것이 좋다. 관계에서 가장 큰 배려는 상대가 불확실한 상황에 처해 있을 때 같이 그것을 견뎌주는 일이다.

여담이지만 나 역시 묻고 싶다. 도대체 힘은 어떻게 내는 거냐고.

수동적 허무주의자에서
능동적 허무주의자로

사회로부터 듣고 싶은 답을 듣지 못하는 것도 답답한데 자신의 존재를 전면으로 부정당하는 것에 대한 상처, 이것이 2030세대를 관통하는 허무함의 실체다. 허무주의를 니힐리즘Nihilism이라고 하는데, 여기서의 nihil은 라틴어로 '완전한 부정'을 뜻한다.

허무주의 하면 니체를 빼놓을 수 없다. 그는 허무주의를 수동적 허무주의와 능동적 허무주의로 구분했다. 수동적 허무주의는 체념, 저항, 회피를 반복하면서 모든 것을 부정하지만, 능동적 허무주의는 자신이 지금껏 추구해 온 가치와 신념이 환상임을 깨닫고 새로운 세상을 창조하려는 데 초점을 맞춘다.

똑같은 허무함이라도 이를 수동적으로 받아들이느냐 능동적으로 받아들이느냐에 따라 전혀 다른 결과를 가져온다. 기왕 허무주의자로 살 거라면 능동적 허무주의자가 되었으면 좋겠다. 최소 노력혐오주의자는 되지 않을 테니 말이다.

애매한 사람을 위한 변명

현대사회를 한 마디로 정의하라고 하면 나는 "극단적이다"라고 대답하겠다. 요즘은 모든 것이 양극화되어 중간이 없다. 과거 회색지대나 안전지대에 있던 사람들은 세상 언저리에서, 애매한 포지셔닝으로 애매한 삶을 살아간다. 태어날 때부터 '너는 건물주'라는 특혜를 받지 않는 이상 대부분의 사람은 먹고 사는 문제를 걱정해야 한다. 상향평준화된 사회는 애초부터 그곳에 도달할 수 없는 사람들에게 깊은 좌절감을 안겨준다.

그런데 인생을 살다 보면 언저리에서 애매한 시간을 보내야 하는 기간이 반드시 필요하다. 그저 나이만 어른인 사람,

성인이 되었지만 뭐 하나 특별하게 하고 싶은 게 없는 사람
은 더 그렇다.

업종 전환이 취미인가요?

"도대체 너는 업종 전환이 취미냐"라는 핀잔을 들을 때마
다 자신이 헛살았다는 기분이 든다는 승혜 씨는 이제 겨우
스물네 살이다. 이 나이면 사회적으로 신생아다. 아이들이 놀
이라는 경험을 통해 해야 할 것과 하지 말아야 할 것, 먹어야
할 것과 먹지 말아야 할 것을 배우듯 승혜 씨 역시 다양한 사
회 경험을 통해 자신이 할 수 있는 것과 할 수 없는 것, 원하
는 것과 원하지 않는 것을 배워야 한다.

문제는 걱정 많은 승혜 씨의 언니들이다. 첫째 언니와는
네 살 터울, 둘째 언니와는 두 살 터울인데 그녀들에게는 승
희 씨가 제대로 하는 것 없이 품만 파는 철없는 막냇동생으
로 보이는 모양이다. 그래 봤자 언니들 역시 스물여섯, 스물

여덟인데 말이다.

"저는 호기심이 많고 사람 만나는 일을 좋아해요. 그래서 애견숍, 네일숍, 커피숍에서 아르바이트를 했고 바리스타 자격증과 미용사 자격증도 땄어요. 그런데 언니들은 뭐 하나 진득하게 하는 게 없다면서 그중 어떤 것을 직업으로 선택할지 빨리 결정하라고 난리예요. 저는 아직 경험하고 싶은 게 많은데 말이에요."

다시 말하지만 승혜 씨는 스물네 살에 불과하다.

"언니들이 저보고 확실한 게 하나도 없다고 해요. 너무 애매한 일만 한대요. 솔직히 누가 직업을 물어보면 애매하기는 해요. 불안하기도 하고요. 사실은 애매한 채로 이렇게 나이 들까 봐 무서워요."

그런데 그녀에게 진로를 선택하라고 압박을 주는 언니들 역시 애매한 위치에 있기는 마찬가지다. 첫째 언니는 이제 막 디자인 회사에 들어갔고, 둘째 언니는 온라인 쇼핑몰에서 관리를 시작한 지 3개월이 되었다. 그녀들은 지금 자신들의 애매한 위치에서 오는 불안감을 동생에게 투사하고 있을 뿐이다.

당신에게 천직이 없는 이유

스스로를 애매하다고 말하는 사람들을 가만히 살펴보면 일이든 사랑이든 공부든 '종결형'이 아닌 '진행형'인 경우가 많다. 결과가 아닌 과정에 속해 있을 때 대부분 '애매하다'라는 표현을 쓴다.

애매한 삶을 살게 되지 않을까 두렵다는 승혜 씨 역시 마찬가지다. 그녀는 아직 자신에게 어울리는 직업을 찾지 못했고, 적성에 맞는 직업을 찾기 위해 고민하는 가운데 있다. 멈춰 서 있는 게 아니라 느리게 가는 것뿐이다. 당사자는 괜찮은데 자꾸 느리다고, 속도를 더 내라고 다그치는 주변이 문제다.

그 대표적인 다그침이 "지금 무슨 일을 하세요?"라는 질문이다. 30대 중후반에게 던지는 질문이라면 보편타당할 수 있지만 20대 초중반에게 던지기에는 아직 이른 질문이다. 이들에게는 "앞으로 하고 싶은 일이 뭐예요?"라는 질문이 더 타당하지 않을까 싶다.

《모든 것이 되는 법》을 쓴 에밀리 와프닉Emilie Wapnick은 '어떤 사람에게 천직이 없는 이유Why some of us don't have one true calling'라는 강연을 통해 일약 스타덤에 올랐다. 작가이자 예술가인 그녀는 그 어디에도 정착하지 못하고 금세 흥미를 잃는 자신의 성격에 대한 걱정이 컸다고 한다. 이런 성향이 성공을 막고, 그 어디에도 헌신하지 못하는 인생을 살게 할 것 같았다고 한다.

와프닉은 "초점을 좁게 둔 인생에 대한 관념은 우리 문화에서 과도하게 낭만적으로 여겨져 왔다. 운명이 하나인 것을 대단하게 여겨 왔다"라고 하면서 자신과 같은 고민을 하는 사람들에게 이런 메시지를 던졌다. "멀티포텐셜라이트multipotentialite, 관심사가 다양하고 재미있는 삶을 추구하는 사람, 즉 다방면에 재주를 가진 다능인多能人이기 때문에 겪는 현상이다"라는 것이다.

우리는 평생 한 분야에 올인 한 사람을 장인이라고 부른다. 나도 진료실에서 종종 장인까지는 아니어도 자신의 분야에서 탁월한 능력을 발휘하는 사람을 만나게 된다. 그런데 이들과 대화를 나누다 보면 '자신의 일 말고는 할 줄 아는 게 아무것도 없다'라는 생각이 든다. 자신의 분야에서는 '선생님' 소리를 듣지만 공인인증서 하나를 깔지 못해 은행 업무를 제대로 보지 못하는 사람도 있다. 적응력과 대응력이 제로인 것이다. 이런 사람들이 가장 자주 하는 말이 "할 줄 아는 게 이것밖에 없어요"다.

애매한 게 아니라 다재다능한 겁니다

생각의 속도가 기술의 속도를 따라가지 못하는 시대다. "재주 많은 사람이 굶어 죽는다"라는 말도 있지만 천만의 말씀이다. 지금은 하나만 아는 사람이 굶어 죽는 세상이다. 관심사가 다양해 호기심이 많고 돈과 명예보다 흥미롭고 재미있는 삶을 더 중요한 가치로 삼는 다능인은 다소 애매하다는 평가를 받을 수 있다. 하지만 사실은 그 누구보다 많은 성장점을 가진 사람들이다.

특히 승혜 씨처럼 성장의 한복판에 서 있는 사람은 심한 성장통을 겪는 중이라서 다른 것을 살펴볼 여력이 없다. 열심히 문제를 풀고 있는 아이에게 점수를 매기겠다면서 시험지를 뺏지 말자. 유치원생도 완성하지 못한 그림은 의미 있는 대상에게 들키고 싶어 하지 않는다.

차별받지 않는 사람보다
차별하지 않는 사람이 되기를

밀레니엄 세대들은 기본적으로 '성인지 감수성 gender sensitivity'을 장착하고 있다. 그래서 그들은 '성별의 장벽'에 부딪쳤을 때 무기력하게 당하고만 있지 않는다.

"유림 씨, 예쁘다는 얘기를 듣기는 했는데 소문대로 진짜 예쁘시네요."

유림 씨는 지금 이 상황이 이해되지 않는다. 비즈니스를 위해 만난 자리에서 어떻게 이런 이야기를 아무렇지 않게 할 수 있는지 놀라울 따름이다. 무엇보다 상대가 자신을 성적 대상화하는 느낌이라 불쾌함을 참을 수 없다. '성적 대상화 sexual objectification'란, 자신의 성적 욕구를 충족하기 위해 다른 사람을 인격이나 감정이 없는 물건처럼 취급하는 것을 말한다.

미팅을 끝내고 회사로 돌아온 유림 씨는 즉각 자신의 팀장에게 문제를 제기했다. 그런데 돌아온 반응은 "예쁘다는 말이 뭐가 나빠?" "뭐 그렇게까지 예민하게 굴어. 인사치레로 한 말 같은데…"였다.

결국 그녀는 다음 날 연차를 내고 진료실을 찾아왔다.

"제가 예민한 게 아니라 회사가 너무한 거 아니에요? 제가 기분이 나쁘다는데, 당사자가 수치심을 느꼈다는데 어떻게 그딴 식으로 반응할 수가 있죠? 그 사람보다 회사의 반응이 더 황당해요."

유림 씨는 이런 경험이 처음이 아니다. 아파트 경비원이 자신을 '아가씨'라고 불렀다는 이유로 관리사무소를 발칵 뒤집어 놓은 적도 있다. 당시에도 그녀는 "술집 여자도 아닌데 아가씨라고 부르는 게 말이 되느냐"라며 강하게 이의를 제기했다.

성인지 감수성 & 젠더 감수성

현재 우리 사회를 관통하는 키워드 중 하나가 바로 '성인지 감수성'과 '젠더 감수성'이다. 성인지 감수성은 일상생활에서의 성차별적 요소를 감지해 내는 민감성을 말한다. 워낙 예민하고 민감한 주제라서 다루기 부담스럽지만, 중요한 문제이기도 해서 간략하게나마 짚고 넘어가려고 한다.

객관적으로 봐도 뛰어난 외모를 가지고 있는 유림 씨의 경우, 어린 시절부터 얼굴과 몸매에 대한 칭찬을 많이 들어왔다. 대학에 입학하기 전까지만 해도 그것이 흔히 말하는 몸평^{몸매 평가}과 얼평^{얼굴 평가}이라고 인식하지 못했다고 한다. 예쁘다는 말이 듣기 좋았기 때문이다.

그런데 대학생이 되고 나서 과대표를 선출하는 과정에서 큰 변화가 일어났다. 남자 동기와 과대 자리를 놓고 다투던 유림 씨가 소극적인 자세를 보이자 이를 지켜보던 선배가 한마디 던진 것이다.

"유림아! 너는 똑똑하고 일도 야무지게 잘하는데, 왜 예쁘다는 말에 종속되려고 해? 무엇 때문에 예쁜 여자에 머물러 있으려고 하는 거야?"

그 순간 유림 씨의 머릿속에서 벼락이 쳤다고 한다. '내가 가져갈 수 있는 칭찬의 최대치가 예쁘다는 말이었구나. 넌 그냥 예쁜 여자에서 멈춰 서 있으라는 이야기였구나'라는 생각이 들었다는 것이다.

We Should All Be Feminist!

물론 유림 씨의 말대로 '예쁜 여자'라는 프레임에 "너는 그냥 꽃처럼 가만히 앉아서 분위기나 좋게 해줘" "너는 여자니까 딱 거기까지야. 뭘 더 욕심을 내고 그래"라는 무의식이 들어 있을 수도 있다. 이런 시선 때문에 수많은 사람이 "We Should All Be Feminist!"를 외치는 것이다. 맞다. 우리는 모두 페미니스트가 되어야 한다. 남성 특유의 시선과 세계관을 보편적 기준으로 보는 태도는 분명 근절되어야 할 시대착오적인 생각이다.

무엇보다 불합리하고 모순적인 사회 구조를 변화시키는 건 매우 중요한 일이다. 하지만 그 방법은 생각해 볼 필요가 있다. 나와 다른 성을 무조건 적대시하고 혐오하는 게 과연 옳은 일일까? 지금까지 여성주의 운동은 남녀평등을 위한 투쟁의 역사이지 혐오와 차별, 적대의 역사는 아니었다. 적어도 내가 아는 선에서는 그렇다.

다음에 나오는 글은 강릉원주대학교 김지혜 교수가 쓴 《선량한 차별주의자》의 일부분이다. 내가 하고 싶은 말이 그대로 쓰여 있어 실례를 무릅쓰고 발췌했다.

"차별은 차별로 인해 불이익을 입는 사람들의 이야기다. 차별 덕분에 이익을 보는 사람들이 나서서 차별을 이야기하는 경우는 별로 없다. 차별은 분명 양쪽의 불균형에서 일어나는 일이며 모두에게 부정의함에도, 희한하게 차별을 당하는 사람들만의 일처럼 이야기된다. 이게 어떻게 된 걸까? 산술적으로 생각해도 내가 차별을 당할 때가 있다면, 차별을 할 때도 있는 게 아닐까?"

성인지 감수성에서만큼은
적정선이라는 게 없다

얼마 전 중견기업의 관리자로 일하는 한 40대 여성이 찾아왔다.

"성교육을 다시 받아야 할 것 같아요. 정말 너무 창피해서 회사를 그만두고 싶어요."

그녀는 현재 직장에서만 15년을 근무한 베테랑이다. 그런데 얼마 전 엄청난 일을 겪었다. 20대 신입사원들이 들어와 함께 점심을 먹던 중 한 남성 신입사원에게 "운동 열심히 하나 봐요. 몸이 좋네요"라고 칭찬했는데, 그가 성희롱이라면서 회사에 정식으로 이의 제기를 한 것이다.

"회사에서 저희끼리 자주 하는 말이라서 그게 문제가 될 줄은 정말 몰랐어요. 제가 무지한 거죠."

그녀는 자신이 성희롱 가해자가 되리라는 생각을 꿈에도 해 본 적이 없다. 지금까지는 자신과 무관한 일이라고 생각해서 크게 관심을 갖지도 않았다. 그러나 시대가 변했고 문제가 발생했다. 성인지 감수성이 부족하거나 결여된 사람은 지금이라도 관련된 공부를 해야 한다. 더는 "문제가 되는지 몰랐다" "딸 같아서 한 말인데…" "동생처럼 생각해 한 말인데…"라는 변명은 통하지 않는다. 성인지 감수성에서만큼은 적정선이라는 게 없다.

마지막으로 적어도 이 책을 읽는 사람만큼은 차별받지 않는 사람보다 차별하지 않는 사람이 되려는 노력을 기울여주길 바란다. 그게 바로 우리가 말하는 평등한 세상의 기초가 될 것이기 때문이다.

레퍼런스 체크가
존재하는 이유

취업이 어려워진 탓인지 창업이나 프리랜서로 사회생활을 시작하는 사람이 늘어나고 있다. 그 덕분에 법의식^{Legal mind,} 법에 대하여 인간이 가지고 있는 규범의식, 즉 법을 상용하는 의식이 높아졌다는 느낌을 종종 받는다. 과거 여느 세대와 비교해 봐도 지금 20대는 확실히 법조인이나 경찰 등 공권력 사용에 대한 거리낌이 덜한 편이다. 못 받은 아르바이트비나 떼인 보험료를 받아주는 앱까지 등장한 것을 보면 사회의 전반적인 분위기도 이에 편승한 듯하다.

스물여섯 살 현아 씨는 2년째 프리랜서 일러스트로 활동하고 있다. 그녀는 동종업계 선배들이 저작권 관련 사안으로 법적 분쟁에 휘말리는 모습을 보면서 '내가 나를 지키지 않으면 그 누구도 보호해주지 않는다'라는 생각이 들었다고 한다. 그래서 업체와 계약서를 작성할 때면 자신에게 불리한 조항을 문제 삼고 조사 하나까지 모두 확인한다. 아주 스마트하고 야무진 친구다.

융통성 없는 원칙주의자
VS 줏대 없는 적당주의자

그런데 최근 한 가지 고민이 생겼다. 다른 일러스트레이터들은 한번 작업한 회사와 후속 계약을 이어가는데 그녀만 재계약이 이어지지 않고 있다. 동료에게 이런 고민을 토로하니 엄격하고 단호한 비즈니스적인 태도를 생각해 보라는 대답이 돌아왔다.

"프리랜서는 법적 보호장치가 없어요. 제 요구가 불법적인 것도 아니고요. 제가 뭘 잘못한 걸까요?"

현아 씨의 원칙이 틀린 건 아니다. 원칙은 일관되게 지켜야 하는 기본적 규칙이나 법칙이고, 융통성은 일의 형편에 따라 적절히 대처하는 능력이다. 그리고 상식은 보통 사람이 일반적으로 알고 있는 보편적 지식이다. 지나치게 원칙을 고집하다 보면 융통성 없는 원칙주의자가 되기 쉽고, 지나치게 융통성을 부리면 줏대 없는 적당주의자나 온정주의자가 된다. 현실적으로 그 사이에서 균형을 잡는 게 여간 어려운 일이 아니다.

현아 씨도 마찬가지다. 그녀의 업무 원칙은 비대면, 레이아웃 변경 불가, 작업물 2회 수정부터 작업비 추가 등이다. 이 원칙이 잘못되었다는 말이 아니다. 노동의 대가는 반드시 지불되어야 한다. 그런데 그녀는 지금까지 자신의 원칙에 따라 단 한 번도 클라이언트와 얼굴을 마주한 적이 없다. 업체에서 미팅을 요청해도 전화로 충분하다며 유선으로 의사를 전달하고 이메일로 결과물을 공유한다. 비대면 시대에 걸맞는 업무 형태라고 생각할 수 있지만, 절대 그렇지 않다. 모든 일에는 '적정선'이라는 게 있다.

사람의 마음이 그렇다. 상대가 융통성을 발휘하고 좀 져주는 시늉이라도 하면 상대 역시 그만큼 물러날 때가 있다. 물론 그중에는 '네 것도 내 것, 내 것도 내 것'이라고 우기는 사람도 있지만, 상식적인 사람들은 배려를 기반으로 융통성을 발휘하여 타협점을 찾으려고 한다. 이 과정을 통해 절대 양보할 수 없는 원칙을 공유하고 새로운 규칙을 만들어 나가기도 하는 것이다.

그런데 현아 씨는 원칙대로 일한다는 명분 아래 상대에게 어떤 여지도 주지 않는다. 그녀가 대체불가능한 수준의 실력을 가졌거나, 대한민국을 들썩이게 만드는 트렌드세터라면 이런 태도가 별 문제되지 않는다. 세상은 수요와 공급의 법칙으로 돌아가기에 현아 씨의 일러스트에 열광하는 팬이 있는 한 그녀를 찾는 거래처는 계속 늘어날 것이다. 그러나 애석하게도 그녀는 현재 그런 위치에 놓인 사람이 아니다. 게다가 그녀를 대체할 창작자가 빠르게 나타나고 있다. 트렌드에 민감하고 숏폼 콘텐츠가 대세인 업계에서는 이런 현상이 더욱 두드러진다. 그렇다면 현아 씨는 앞으로 어떻게 해야 할까?

사회생활 정서법

"헌법 위에 국민 정서법이 있다"라는 말이 있다. 국민의 정서를 기준으로 법의 영향력이 제한되는 상황을 일컫는 말이다. '헌법'이 국가 통치체제와 기본권 보장의 기초에 대한 근본 법규라면 '국민 정서법'은 주관적이고 생활적이며 상식적인 선을 더 중시한다.

사회생활도 마찬가지다. 국민 정서법이 있듯, 사회생활에도 계약서 조항을 능가하는 '사회생활 정서법'이 있다. 자신의 정서나 감정을 조금이라도 덜 소진시키는 상대와 일하고 싶은 것이 사회생활 정서법의 핵심이다. 원칙과 상식을 기반으로 하는 융통성 있는 사람이 되려면 무엇보다 기능적 고착화functional fixedness에서 벗어나야 한다.

기능적 고착화는 사고의 기능적 부분이 고착화되는 것으로, 새로운 기능을 창출해 내는 데 있어 방해가 되는 생각을 말한다. 기능적 고착화와 관련된 여러 심리 실험이 있는데, 그중 대표적으로 회자되는 실험 하나를 소개하려고 한다.

독일의 심리학자 카를 던커Karl Duncker는 피실험자들에게 성냥갑과 양초, 압정이 든 상자를 준 뒤 코르크 벽에 양초를 고정시키고 촛불 켜는 방법을 찾으라고 했다. 피실험자들은 압정을 이용해 양초를 코르크 벽에 박거나, 촛농을 굳혀 양초를 벽에 붙이려고 했지만 결과는 모두 실패였다.

이 문제를 해결하는 방법은 의외로 간단했다. 압정이 담긴 상자를 벽에 박고, 그 상자 위에 양초를 올려 불을 붙이면 된다. 압정이 담긴 상자를 양초 받침대로 용도를 변경하면 해결 가능한 문제였다. 그러나 피실험자들은 그 누구도 압정이 담긴 상자를 다른 용도로 사용할 생각을 하지 못했다. 기능적 고착화 즉 고정관념에 사로잡힌 결과였다.

현아 씨가 기능적 고착화에서 벗어나려면 '함께 일하는 사람=내 권리를 지켜주지 못할 사람'이라는 생각을 버려야 한다. 상대와 힘겨루기를 하는 대신 합리적인 타협점을 찾고, 상대의 의견을 간섭이 아니라 협력으로 받아들여야 한다. 사고의 유연성이 필요한 것이다.

상위법 우선의 법칙

〰〰〰〰〰〰〰〰〰〰〰〰〰〰〰

자신의 권리를 보호받지 못할 것이 두려워 잔뜩 경직된 현아 씨에게 나는 바나나 나무처럼 일하는 것은 아닌지 점검해 볼 것을 권했다. 바나나 나무는 하나의 줄기에서 단 한 번의 열매를 맺는다고 한다. 이런 특성 때문에 농부들은 새로운 바나나를 얻기 위해 기존의 줄기를 자르고 새 줄기가 자랄 때까지 기다린다. 후속 계약이 이뤄지지 않는다는 것은 하나의 줄기에서 하나의 열매만 얻는 것과 같다. 100개 과실을 얻기 위해 100번의 품을 팔아야 한다는 이야기인데, 이건 너무 비효율적이다.

현아 씨처럼 일을 갓 시작한 초년생일수록 '손실에 대한 불안증'이 높을 수밖에 없다. '아무도 나를 지켜주지 않는다'는 생각이 불안감을 높이는데, 이때 자신이 감당할 수 있는 손실 범위를 정해 놓는 것도 도움이 된다. 그 범위를 기준으로 손해 볼 때는 손해를 보고 빨리 털고 일어나 기회를 잡는 편이 낫다.

우리가 말하는 법의식은 곧 죽어도 손해를 보지 않기 위한 '법-사용 의지'가 아니다. 갑자기 법률 전문가가 된 느낌인데, 우리나라 법에는 상위법과 하위법의 개념이 존재한다. 이 두 가지 법이 충돌하면 법원에서는 상위법을 우선적으로 적용하는데, 이를 '상위법 우선의 법칙'이라고 부른다. 더 큰 가치와 신념을 우선하겠다는 법의 약속인 셈이다.

사회생활 정서법도 마찬가지다. '능력은 있지만 함께 일하기 어려운 사람'보다 '능력은 조금 부족해도 함께 일하고 싶은 사람'이라는 상위법이 더 큰 힘을 발휘한다. 그래서 레퍼런스 체크reference check, 즉 평판 조회라는 게 존재하는 것 아니겠는가.

정신이 가난한 사람은
되지 말자

병원이 강남 한복판에 있다 보니 자녀 인생에 적극적으로 개입하는 유형의 부모를 만날 기회가 많다. 모두 그런 것은 아니지만 개중에는 '경제적 지원'을 빌미 삼아 자녀에게 자신의 소망을 투영시켜 자녀의 인생행로를 트는 부모도 있다. 취업이 되지 않아서 어려움을 겪고 있는 딸에게 계속 선 자리를 소개하며 딸의 미래를 '아내'로 제한하는 식이다.

만약 부모가 내민 카드를 선택하면 그 딸은 진짜 자신을 만나보지도 못한 채 부모의 뜻대로 한 남자의 아내로만 살게 된다. 이런 유형의 부모들은 "어느 부모가 자식이 잘못되기를 원하겠어요. 다 잘되라고 그러는 거예요"라고 항변하지만 내 생각은 조금 다르다.

자발적이지 않은 선택이나 부모의 은근한 강요는 결과적으로 자녀에게 '가짜 자기'의 삶을 선물하는 것과 같다. 겉은 화려하게 빛날지 몰라도 그 속은 텅 비어 있는 조형물 같은 삶을 살게 만드는 것이다.

자신이 원하는 것을 얻기 위해 자녀의 심리적 영토를 침범하고 정서적 압박을 가하는 부모가 의외로 많다. 이런 휘둘림에서 벗어나 주체적으로 자신의 삶을 이끌어 가려면 자녀 스스로 '부모의 개입 분량'을 정해 놓아야 한다.

● 개입 범위 설정하기: 인생의 어디까지 부모의 개입을 허락할 것인가?
● 개입 분량 설정하기: 어느 정도까지 부모의 뜻을 수용할 것인가?

현재 부모와 한집에서 살고 있는 혜주 씨는 취업 1년 차다. 경제적으로 독립할 준비가 되지 않아서 부모님 집에 얹혀살고 있는데, 갑자기 남동생이 결혼하는 바람에 자신의 방을 비워줘야 했다. 남동생과 올케가 6개월 뒤 해외로 파견 근무를 나갈 예정이라 따로 집을 얻지 않고 본가에서 임시 거주하기로 한 것이다.

부모님은 한집에서 신혼부부와 마주쳐야 하는 딸의 입장을 고려해 방을 얻어주겠다고 제안했다. 평소 독립에 대한 로망이 있던 혜주 씨는 기꺼이 회사 근처의 오피스텔로 이사를 결정했다. 문제는 그때부터 시작됐다. 평소 혜주 씨의 통통한 체형이 못마땅했던 그녀의 어머니가 보증금과 월세를 내주는 조건으로 다이어트를 제안한 것이다.

문제 해결의 주체는
다른 누구도 아닌 '나'여야 한다

"선생님, 과연 제가 이 옷을 입을 수 있을까요?"

혜주 씨가 내민 핸드폰 사진에는 한눈에도 고급스러워 보이는 고가의 투피스 정장이 있었다. 그녀가 오피스텔로 이사하던 당일, 어머니가 이사 선물로 놓고 갔다고 한다.

"선생님, 제가 이 옷을 입으려면 아마 10킬로그램 이상을 빼야 할 거예요."

"어머니가 언제까지 입으라는 말씀은 안 하셨어요?"

"동생 부부 배웅하는 날까지요. 그날 가족 모두 공항에 나가기로 했거든요."

"그게 언제예요?"

"두 달 뒤요."

운동선수도 아니고 일반인이 두 달 동안 10킬로그램을 감량한다는 것은 말이 안 된다. 초고도 비만이거나 극단의 다이어트를 하는 경우가 아니라면 불가능한 일이다. 게다가 이 목표는 어머니의 것이지 그녀의 것이 아니었다.

어머니의 소망에서 비롯되었지만 혜주 씨가 스스로 "살을 빼서 멋진 정장을 입어 보고 싶다"라고 자신의 소망으로 전환시킨 경우라면 그런대로 괜찮다. 시작이야 어찌 됐든 긍정적인 동기부여로 작용한 셈이니까 말이다. 그러나 혜주 씨는 다이어트에 대한 열망이 큰 사람이 아니다. 모든 문제가 그렇지만 특히 다이어트의 주체는 다름 아닌 나 자신이어야 한다.

식이장애와 비만을 주로 다루고 있어서 이와 관련된 문제를 가진 내담자를 많이 만나는데, 그들에게 항상 하는 말이 있다. "살이 찌고 빠지는 문제는 어느 한순간도 자기 결정으로 이뤄지지 않는 것이 없다. 그래서 타인이 제기한 살빼기나 살찌기는 한계가 있다"라는 것이다. 종종 다이어트는 입으로, 운동은 눈으로 하면서 "저는 왜 살이 안 빠지죠?"라고 묻는 사람이 있는데, 그건 본인이 살을 뺄 의지가 없기 때문이다. 다이어트만큼 타인의 역할이 제한적인 것도 드물다.

부모의 개입 분량을 결정하기

내가 본 혜주 씨는 여러모로 자신의 정체감을 잘 다져 나가는 건강한 친구였다. 그녀는 "사회생활은 내가 더 이상 주인공이 아니라는 것을 인정하게 만드는 곳인 것 같다"라는 말로 자신이 한층 성장하는 중임을 표현하기도 했다.

더 이상 자신의 떼쓰기가 통하지 않는다는 사실을 깨달을 때 어린 아이들은 한 뼘 성장한다. 어른도 마찬가지다. 사회생활을 통해 자신이 통제할 수 있는 것이 많지 않다는 사실을 깨달을 때 우리는 한층 성숙해진다. 이토록 건강한 그녀에게 아무런 생각 없이 약점을 자극하고, 성인인 딸에게 유아기적 의무감을 느끼게 만드는 그녀의 어머니가 미웠다.

자아정체성을 형성해 나가는 과정에서 필요한 의사결정, 합당한 신념에 제동이 걸리는 것을 '정체감 유예identity moratorium'라고 한다. 정체감을 성취하는 과정에서 정체감 유예로 퇴보한 상황이기에 그녀는 마땅히 혼란스러울 수밖에 없다. 이제 막 어른이 되는 재미를 알아가는 중인데, 다시 어머니의 눈치를 보고 허락을 맡아야 하는 아이로 신분이 강등되어 버렸으니 어찌 안 그러겠는가.

경제적 독립만큼 중요한 정서적 독립

어머니의 정서적 압박이 심해지다 보니 혜주 씨는 어느새 지극히 개인적이고 사적인 부분, 즉 다이어트까지 부모의 개입 범위를 활짝 열어 놓은 상태가 되어 버렸다. 그렇다면 이제 남은 일은 단 하나다. "어느 정도까지 부모의 뜻을 수용할 것인가?" 부모의 개입 분량을 결정해야 한다.

다시 상황을 정리해 보자. 혜주 씨의 어머니가 원하는 건 딸이 살을 빼는 것이다. 그녀 역시 다이어트의 필요성은 느끼고 있지만 두 달 만에 10킬로그램을 감량할 마음은 없다. 무엇보다 그녀는 어머니가 선물한 옷을 입는 시기를 자신이 결정하고 싶어 한다.

결국 혜주 씨는 살을 빼라는 어머니의 요구는 수용하기로 했지만, 그 과정과 시기는 자신이 결정하는 것으로 부모의 개입 분량을 정리했다. 곧바로 그녀는 "살은 꼭 빼겠다. 하지만 옷을 입는 시기는 내가 정하고 싶다"는 의사를 어머니에게 전달했고, 어머니는 그 의견을 흔쾌히 받아들였다. 살을 빼고자 하는 딸의 의지에 신뢰를 보인 것이다.

혜주 씨는 이 협상을 통해 다이어트에 대한 주도권을 되찾고 나아가 '자기효능감'도 맛보았다. 자기효능감은 어떤 상황에서 자신의 능력으로 문제를 해결할 수 있다고 믿는 신념이나 기대감을 말한다. 자기효능감이 적은 사람은 자신의 문제해결능력을 불신하기 쉽다. 그리고 이런 상황이 반복되면 상황이나 자기 자신을 통제할 능력을 상실하고 만다. 상황과 관계에 대한 통제권을 회복해야 문제를 해결하려는 의지와 추진력이 생긴다.

부모에게 경제적 지원을 받고 있다고 해서 본인의 정서적 지배권을 넘겨줘서는 안 된다. 그렇다고 부모에게 경제적 이득만 취하라는 이야기가 아니다. '부모의 개입 범위' '나의 수용 범위'를 결정한 뒤 서서히 경제적, 정서적 독립을 준비하라는 말이다.

경제적 독립만큼 중요한 게 정서적 독립이다. 둘 중 하나라도 제대로 이뤄지지 않으면 제대로 된 성인으로 홀로 설 수 없다. 부모의 정서적 지배에서 벗어나 자율성을 되찾을 때 비로소 우리는 진짜 어른이 된다. 그렇지 않으면 어른의 몸에 어린 아이의 정서를 가진, 정신이 가난한 사람이 되기 쉽다.

남들에게 아무것도 아닌 일이
저에겐 왜 이리 어려울까요?

우리는 알고 있다. 관계의 기본은 누가 뭐래도 기브 앤 테이크라는 사실을 말이다. 그런데 기브 앤 테이크에도 종류가 있다는 사실은 잘 알지 못하는 듯하다.

먼저 흔히 알고 있는 '의식적 기브 앤 테이크'에 대해 살펴보자. 의식적 기브 앤 테이크는 말 그대로 주는 만큼 받는 것이다. 연인이나 친구 생일에 이만큼 해주었으니 자신의 생일에도 여기에 준하는 선물을 받고 싶은 마음이 대표적이다.

두 번째는 기브 앤 테이크는 '무의식적 기브 앤 테이크'다. 딱히 이해관계를 따지지 않는 사이에서 나타나는데, 대표적인 예로 부모와 자식 사이가 그렇다.

부모들은 무의식적으로 "내가 이만큼 너를 키워주었으니, 내 기대에 부흥하는 게 마땅하다"라는 소망을 발현한다. 반대로 고생한 부모에게 부채의식을 가진 자녀가 보상 심리를 발현하는 경우도 있다.

당연히 후자 쪽이 더 많은 갈등을 낳는데, 부모의 무의식적인 소망은 당장 이뤄줄 수 없는 것이 대부분이기 때문이다. 대표적으로 자녀의 명문대 입학, 취업, 결혼 등이 그렇다. 이런 문제가 수면 위로 떠오르면 가족들은 오랜 기간 불편함 감정을 느끼게 된다.

받기만 하면 좋을 것 같지만 절대 그렇지 않다. 이를 증명하듯 부모와 한집에 살고 있는 사람이 가장 많이 하는 질문이 있다. "언제까지 부모에게 손을 벌려야 하느냐?"라는 것이다. 이 질문은 "경제적 지원을 받는 대가로 언제까지 부모에게 종속당해야 하느냐"가 더 정확한 표현이라는 생각이 든다. 부모의 경제적 지원이 '감정적 폭력' '정서적 압박'이라는 이자를 달고 돌아오기 때문이다.

존재하는 것만으로 충분하다

〰️〰️〰️〰️〰️〰️〰️〰️〰️〰️〰️〰️〰️〰️〰️〰️〰️

부모는 사회 구조적인 문제를 개개인의 능력 부족으로 폄하하는 것도 모자라 끈기가 없다거나, 치열하지 않다거나, 간절함이 부족하다며 그간 자녀의 노력을 하찮게 만든다. 꿈을 좇으면 뱃속에 바람이 들었다고 하고 현실과 타협하면 젊은 애가 욕심이 없다고 한다.

"도대체 어쩌려고 그래" "그냥 아무 곳이나 들어가" "옆집 아무개는 벌써 대리를 달았다"라며 부모가 먼저 분노의 차선을 침범해 놓고는 "내가 알아서 할게요" "나 좀 내버려두라고" 경고의 클랙슨klaxon을 울리면 "또 예민하게 저런다. 잘나가는 애들은 부모한테도 얼마나 잘하는데…"라며 보복을 가한다.

가깝다고 생각한 친구나 가족에게 이해받지 못하는 것만큼 비참하고 외로운 건 없다.

2년째 취업에 실패한 형석 씨는 현재 자포자기 상태다. 자신도 환영받고 사랑받는 존재가 되고 싶은데, 현실은 다 쓴

건전지처럼 애물단지가 되어 버린 느낌이라고 한다. 응원의 말이 우려의 말로, 격려의 시선이 낙담의 시선으로 변했음을 느낀 탓이다.

"선생님, 남들에게 아무것도 아닌 일이 저에겐 왜 이리 어려운 걸까요?"

그는 그저 존재하는 것만으로도 매우 지쳐 보였다.

시작을 시작해야 한다

앞서 관계의 기본은 기브 앤 테이크라고 했다. 받기만 하면 편하고 좋을 것 같지만 사실은 매우 불편한 일이다. 모리츠 하이더Moriz Heider는 이를 인지균형이론cognitive consistency theory으로 설명한다. '인지평형설'이라고 불리는 이 이론은 친밀한 관계 내에서 균형성을 맞추려는 경향성을 가리킨다.

만약 당신이 지인에게 무언가를 받으면, 받은 만큼 다른 무언가를 내주어 관계의 조화를 이루려는 심리가 발동한다. 돈이든 선물이든 정성이든 간에 말이다. Give, 즉 준 사람은 처리해야 할 감정이 남아 있지 않다. 그러나 Take, 즉 받은 사람은 '아, 부담스러운 선물인데 어떻게 돌려주지?' '혹시 나한테 원하는 게 있나?' '마음에 들지 않는데, 이걸 어떻게 처리하지?' 등 처리해야 할 감정이 남게 된다. 이게 참 피곤하다.

부모와 자식 관계도 이 공식에서 자유로울 수 없다. 성인이 되어서도 계속 부모에게 경제적 지원을 받게 되면 자녀의 무의식은 기브 앤 테이크를 기반으로 한 부채감의 회로를 돌린다. 오죽하면 구직자들이 취업한 뒤 가장 하고 싶은 일이 '부모님 용돈 드리기'이며, 최종 합격 시 가장 먼저 소식을 알리고 싶은 사람 또한 부모님이라는 조사 결과가 있겠는가. 한 설문자는 "취업 준비 기간 내내 물심양면으로 지원해 준 부모님과 취업의 영광을 함께하고 싶다"라며 대종상영화제의 수상 소감 같은 멘트를 날리기도 했다. 오 마이 갓!

형식 씨도 마찬가지다. 어머니의 소원은 아들이 사원증을 목에 걸고 출근하는 모습을 보는 것이다. 형석 씨 바람 역시 어머니와 같다. 그러나 모두가 알다시피 그는 이 기대를 충족시킬 수가 없다. 이처럼 진짜 자기와 역할 자기 간의 불일치를 겪게 되면 누구나 무기력과 깊은 우울감을 느끼게 된다.

늘어진 기타줄 같은 하루를
자기화, 규격화하기

형석 씨가 당장 시작할 수 있는 건 '아들'에서 '하우스메이트'로 역할 모델을 바꾸는 것이다. 생활비와 주거공간을 부모에게 지원받는 대신 자신도 부모에게 무언가를 줄 수 있는 사람이 되겠다는 생각을 가져야 한다. 예를 들어 집안 청소를 하거나, 분리 수거를 담당하거나, 하다못해 제때 일어나 규칙적으로 생활하는 모습을 보여주는 것도 괜찮다. 이는 무너진 신뢰를 회복하는 데 큰 도움이 된다.

늘어진 기타줄 같은 하루를 규격화함으로써 얻을 수 있는 심리적 이득도 있다. 청소 하나도 막연하게 쓸고 닦는 게 아니라 월요일은 베란다, 화요일은 현관, 수요일은 욕실, 목요

일은 싱크대, 금요일은 옷장 정리를 하겠다는 계획을 세우고 이에 맞춰 생활하면 자기효능감이 충전된다. 독서실을 가더라도 월요일은 인문서, 화요일은 경제서, 수요일은 에세이로 세분화하면 멈춰 있던 인생이 제대로 작동한다는 느낌을 받을 수 있다. 여기서 핵심은 '자기화'다. 대중적 방식, 타인의 기준은 그리 중요하지 않다.

미국에서 가장 주목받는 신세대 심리학자인 피터 홀린스 Peter Hollins는 자신이 쓴 《어웨이크》를 통해 "안전지대 밖에서는 무력하고 스스로 상황을 통제할 수 없다고 느낀다. 상황 일부를 자기화하면 안전지대 밖에서도 적어도 그만큼은 권한을 가졌다는 점을 알게 된다"라고 말했다. 상황의 일부를 자기화하여 일종의 권한, 즉 통제권을 가지는 것은 매우 중요하다.

통제는 일정한 방침이나 목적에 따라 행위를 제한하거나 제약하는 것을 말하는데, 이는 위험 요소나 돌발 상황을 예방하는 가장 좋은 방법이다. 더불어 통제는 '해야 할 것'과 '하지 말아야 할 것'을 결정하는 명확한 기준점이 된다. 자기

조절력을 잃어버린 사람이 가장 힘들어 하는 게 바로 해야할 것과 하지 말아야 할 것을 구분하는 일이다.

자, 지금부터 생각해 보자. 내가 통제할 수 있는 것과 통제할 수 없는 것은 무엇인가? 지금 바로 해야 할 것과 하지 말아야 할 것은 또 무엇인가? 이 둘만 명확하게 구분해도 우리 인생은 훨씬 선명해질 것이다.

경로를 이탈해
재탐색합니다

2020년 한국경제포럼은 〈행복 지수를 활용한 한국인의 행복 연구〉를 발표했다. 이 연구에 따르면 한국인의 주관적 행복도는 100점 만점에 55.95점으로 '전반적으로 불행한 것'으로 나타났다. 그중에서 30대는 55.23점이었고, 20대는 52.64점으로 가장 낮은 행복도를 보였다. 이 연구를 진행한 전문가들은 불행의 이유로 '미래의 불확실성'을 꼽았다.

진료실에서 만난 내담자들도 불확실한 미래, 예상치 못한 난관, 불가항력적인 상황, 무모한 도전 앞에 놓였을 때 매우 불안해한다. 개인적인 이야기를 잘하지 않는 편인데, 이런 사람들에게 내 이야기가 도움이 될까 싶어 조심스레 개인사를 꺼내 보려고 한다. 또 다른 버전의 "라떼는 말이야…"가 될 수도 있으니 미리 양해를 구한다.

터져 버린 열망, 그 절실함에 대하여

서른 초반에 IMF가 터졌고 우리 집도 직격탄을 맞았다. 작지만 건실했던 아버지의 회사는 부도가 났고, 그 충격으로 정신적 지주였던 아버지가 세상을 떠났다. 그렇게 나는 하루 아침에 한 집안의 가장이 되어 버렸다.

교수가 되고 싶었지만 그 꿈을 이루려면 대학병원에서 펠로^{전임의} 생활을 해야만 했다. 하지만 펠로 급여로는 가족을 부양하기 어려웠다. 모교에서 펠로 제의가 왔지만 나는 결국 교수가 되는 길을 포기했다. 먹고사는 문제가 너무 급해서 꿈이나 미래를 생각할 겨를이 없었다.

얼마 후 나는 한 개인 병원에서 페이 닥터로 일하기 시작했다. 그 무엇도 보장되지 않은 미지의 길, 불확실의 길로 접어든 것이다. 그저 오늘 하루만 버텨 보자는 생각으로 매일 아침 병원으로 출근했고 늦은 밤이 되어서야 집으로 돌아왔다. 그렇게 한 달을 버티고 일 년을 버텼다.

시간이 흐르고 어느 정도 병원이 자리를 잡았다. 먹고 살 만해진 것일까? 크리스천으로서 신학 공부를 하고 싶다는 욕구가 차올랐다. 20대부터 꿈꿔 왔던 신학 공부에 대한 열망이 갑자기 터져버린 것이다. 그 열망이 얼마나 컸던지 아무리 이성으로 억누르려고 해도 도무지 내 자신을 제어할 수가 없었다. 그때 깨달았다. 인생을 살다 보면 내가 목표를 선택하는 게 아니라 꿈이나 목표가 나를 선택하는 순간이 온다는 것을.

이런 사실을 깨달은 순간 온몸에서 힘이 쏙 빠져나갔다. 나는 경로를 이탈한 적이 없는데 내비게이션이 계속해서 "경로를 이탈했다"라고 경고의 메시지를 날리는 기분이었다.

어쩌겠는가, 경로를 이탈했으니 재탐색할 수밖에. 결국 미국의 한 신학대학원으로 유학을 결정한 뒤 개업한 병원을 정리하기 시작했다. 갑작스러운 결정에 주변 사람들은 우려의 시선을 쏟아냈다. "기독교 상담으로 빠지려고?" "잘 되는 병원이 아깝지도 않아?" "돌아와서 개원하기가 쉬울 것 같아?" 라는 식으로 불안을 자극하기도 했다.

프로이트의 정신분석이나 융의 분석심리학처럼 어느 학파를 공부하기 위해 떠나는 유학이었다면 굳이 받지 않아도 될 질문들이다. 아마도 그들의 눈에는 내가 신기루를 쫓는 몽상가처럼 보였을지도 모른다. 치기 어린 선택이라고 생각했을 수도 있다. 그러나 나는 현실을 도피하기 위한 게 아니라 오히려 '지금이 아니면 안 된다'는 현실을 정확히 인식하고 있었던 듯하다. 지독한 모라토리엄moratorium의 결과였다.

불안함과 두려움을 잠재우는 법

모라토리엄은 원래 '지불 유예 기간'이라는 뜻을 가진 경제용어다. 요즘에는 대학 졸업 후에도 사회 진출을 최대한 뒤로 미루고자 하는 청춘들의 심리 상태를 말할 때 사용된다. 사회적 책임을 수행할 수 있는 능력이 있음에도 불구하고 스스로 청소년기를 연장하여 성인이 되는 것을 유예하는 사람을 '모라토리엄 인간'이라고 부르기도 한다.

물론 현실을 회피하기 위한 수단의 하나로 모라토리엄을 선택하는 사람도 있다. 그러나 내가 만난 상당수는 진짜 자신이 원하는 삶에 도전하기 위해 사회 진출을 유예하고 있었다. 이들이 청소년기를 연장하는 이유는 크게 두 가지로 나눌 수 있다. 첫 번째, 자기확신이 필요할 때다. 두 번째, 꿈을 구체화시키고 싶을 때다. 전자는 지불 유예 기간에 자신이 무엇을 원하고 무엇을 할 때 행복한지를 찾는 데 몰두한다. 후자는 적성에 맞는 공부를 새로 시작하거나 공모전에 도전하여 창업 자금을 마련하는 식으로 사회적 자아를 찾기 위해 노력한다.

어떤 사람들은 2030세대가 너무 안정적인 선택만 지향한다고 말하지만 나는 이들만큼 치밀하게 미래를 준비하거나 절박하게 사회적 자아를 원하는 세대를 본 적이 없다. 그 누구보다 진심을 다하지만 여전히 불안한 미래 때문에 자신의 결정을 믿지 못하는 게 그저 안타까울 뿐이다. 그래서 이들에게 꼭 해주고 싶은 말이 있다.

꿈을 위해 사회 진출을 유예했는데도 자신의 선택에 자꾸 의구심이 든다면 일단 멈춰라. "괜히 이 길로 갔다가 망하면 어떡하지?" "가만히 있으면 중간이라도 갈 텐데, 무모한 선택을 하고 있는 건 아닐까?" 등 확신이 아닌 의심이 든다면 자신의 목표를 반드시 점검해 봐야 한다. 시간에 쫓기고 조급함에 떠밀린 것이 아닌지 생각해볼 필요가 있다.

만약 자신에게 "앞으로 1년 또는 3년을 이 길에 올인 할 수 있을까?"라는 질문을 던졌을 때 가슴 깊숙한 곳에서부터 "예스"라는 대답이 들려오면 준비는 끝난 것이다. 이 정도가 되면 주변에서 아무리 만류해도 들리지 않는다. 나 역시 유학을 결정하는 게 어려웠을 뿐 운영이 잘 되는 병원을 포기하는 결정은 채 하루가 걸리지 않았다. 이처럼 상황을 통제할 수 없을 때는 온몸에 힘을 빼고 그 흐름에 올라타는 전략도 필요하다.

불확실한 미래에 대한 불안함과 두려움을 잠재우는 가장

좋은 방법은 아주 작은 것이라도 구체화하고 실체화하는 것이다. 이 순간만큼은 자의적·타의적 판단과 평가는 멀찌감치 떨어뜨려 두자. 공모전 리스트를 만들고, 클라우드 펀딩crowd funding 사이트를 적극적으로 이용하고, 창업지원금을 알아보는 과정을 통해 사회적 자아는 구체화되고, 내일에 대한 두려움은 계획이라는 실체로 다가올 것이다.

chapter 5

님아,
그 선을 넘지 마오!

feat. 확신이 필요한 당신을 위한 심리 테라피

혐오는 절대 우리를
구원해주지 않는다

'자해 인증' '자해 스웨그'라는 말을 들어 보았는가? 최근 SNS를 통해 청소년 사이에서 자해 중독, 자해 충동이 유행처럼 번지고 있다. 쉽게 이해할 수 없겠지만 이들에게 자해는 스트레스와 답답함, 불안감, 자기혐오를 해소하는 일종의 '자기 파괴 놀이'다.

과거에는 자살을 하기 위해 자해를 했지만 요즘은 자살 의도 없이 직접적이고 반복적으로 자신의 몸을 훼손하는 비자살성 자해non-suicidal self-injury를 즐기는 사람이 늘고 있다. 그 증가 속도가 어찌나 빠른지 얼마 전 '자해학회'가 생겼을 정도다. 이 학회에서는 비자살성 자해를 "자신의 신체에 치명적이지 않은 수준의 상처를 내거나 고통을 주는 행위로, 심리적 고통을 감소시킬 목적으로 사용되는 대처법"이라고 정의 내리고 있다. 한마디로 비자살성 자해는 심리적 어려움을 자해를 통해 해소하려는 행동으로, 자살과는 명확히 구분된다.

	비자살성 자해	자살 시도
자살 의도	없음	있음
정서 상태	급격한 분노, 실망 등으로 참을 수 없는 고통 속에 놓여있음	때론 충동적이나 대체로 만성적인 절망감과 고독감이 있음
상해 정도	피부 깨물기, 베기, 화상 입히기 등 덜 심각하고 치명적이지 않은 행동이 많음	음독, 목맴, 투신 등 심각하고 치명적인 행동이 많음
인지	고통스러우나 희망은 있음	깊은 절망감과 무기력감으로 문제 해결이 불가능함
빈도	반복적인 자기 손상이 흔함	자살 시도를 반복할 위험요인은 있지만 빈도가 낮음
결과/영향	안도감, 진정, 일시적 고통의 감소	좌절, 실망감, 고통의 증가

• 비자살성 자해의 특징

전문가들은 비자살성 자해의 원인을 크게 다음 네 가지로 정리한다.

첫 번째, 본인이 원하는 것을 얻지 못할 때, 정서적 안정감을 얻기 위한 행위. 두 번째, 불안, 우울, 공포 등 부정적 정서를 완화시키기 위한 행위. 세 번째, 주변 사람들의 지지와 관심을 얻기 위한 행위. 네 번째, 자신에게 주어진 의무와 책임, 압박감에서 벗어나기 위한 행위.

이 네 가지 원인을 자세히 들여다보면 결론은 하나로 귀결된다. 살고 싶다는 것. 그들은 죽고 싶은 게 아니라 지금처럼 살고 싶지 않을 뿐이다. 결국 자해는 비루하고 지리멸렬한 현실에서 벗어나 리셋된 삶을 살고 싶다는 욕구의 발현인 셈이다.

세상에서 가장 나쁜 친구

어린 시절부터 우와 열이 나눠지는 경쟁 구도 아래 놓인 채 주류가 되지 못하고 비주류의 길로 들어섰다는 공포, 고

생하는 부모의 기대를 만족시키지 못했다는 죄책감, 인싸 무리에 끼지 못하고 아싸가 되었다는 패배감은 아이들에게 자기혐오self-loathing와 자기증오self-hatred를 불러온다. 이런 생각은 '처벌받아 마땅한 자신'이라는 대상화를 만들어내고, 결국 자해라는 형벌로 이어진다.

이런 상황을 증명하듯 한 내담자는 자해를 고통스러운 순간을 잊지 않기 위해 '고통을 자신의 몸에 기록하는 행위'라고 표현했다. 또 다른 내담자는 자해 관련 커뮤니티를 통해 자신과 같은 사람들이 있다는 사실에 큰 위안을 받는다고 했다. 물리적으로 선명한 상처를 보는 순간 흐릿한 감정이 비로소 명확하게 보인다고 말한 내담자도 있었다. 자신의 진짜 감정을 느끼기 위한 도구로 비자살성 자해를 선택했다는 이야기다.

자해가 비단 청소년만의 문제일까? 결코 그렇지 않다. 30대 중반의 한민 씨 역시 자해 중독으로 진료실을 찾았다. 어느 정도 예상했지만 다른 사람과 마찬가지로 그 역시 자신의 감정을 제대로 읽어 내지 못하고 있었다.

"모르겠어요. 제가 왜 그랬는지….."

"모르겠어요. 그냥 죽고 싶은 마음뿐이었어요."

연거푸 자신이 왜 그랬는지 모르겠다는 한민 씨에게 들을 수 있는 말은 그리 많지 않았다. 분노와 공포가 시켜서 한 일인데, 그가 무슨 말을 할 수 있겠는가.

현민 씨는 현재 리스트컷 증후군wrist-cut syndrome을 앓고 있다. 리스트컷 증후군이란, 날카로운 도구를 이용하여 반복적으로 자신의 몸에 상처를 내는 행위를 말한다.

현민 씨가 리스트컷 증후군을 앓게 된 것은 아이러니하게도 엄마의 사랑 때문이다. 중학교 시절 아픈 자신을 밤새 간호하는 엄마를 보며, '엄마의 눈에 보이는 상처가 내 몸에 생기면 이런 사랑과 관심을 독차지할 수 있겠구나' 하는 생각이 들었다고 한다. 그리고 얼마 지나지 않아 그는 자신의 생각을 실천으로 옮기기에 이른다.

자신의 예상대로 처음에는 엄마의 폭발적인 관심을 받았고 한다. 하지만 이 사랑은 그리 오래 지속되지 못했다. 습관적으로 자해를 하는 아들을 어떤 엄마가 무한한 애정으로 지켜볼 수 있겠는가. 결국 그는 지금 엄마와의 관계가 단절된 상태다.

이런 사람들에게 자해는 외로움을 달래는 최선의 방법이자, 실타래처럼 엉킨 감정을 표현하는 최고의 도구다. 이들에게 자해는 자신의 가장 어두운 면을 이해하고 받아주는 유일한 친구이기도 하다. 세상에서 가장 나쁜 친구인 셈이다.

이 문제를 해결하기 위해서는 자해를 한 '행위'가 아니라 자해를 한 '이유'에 초점을 맞춰야 한다. 무엇이 고통스럽고, 무엇 때문에 스스로를 벌주고 싶은지 그 원인을 찾는 게 우선이다. 본질을 외면하고 세부적인 것만 건드리다 보니 '자기혐오→스트레스→자해'라는 악순환이 반복되는 것이다.

자신의 몸에 고통의 기록을 남기는 사람들

이 소리 없는 절규는 다른 동물에게서도 나타난다. 동물원 우리에 갇혀 지내는 동물들 중 상당수가 한자리에서 쉼 없이 돌거나, 벽에 자신의 머리를 박거나, 스스로 자기 몸의 깃털을 뽑아내는 정형행동stereotyped behavior을 보인다. 정형행동이란, 특별한 목적 없이 일련의 행동을 반복하는 행위를 말한다.

영장류의 상황은 더 심각하다. 한 실험 결과 원숭이들은 정서적 유대감을 맺던 무리와 떨어졌을 때, 사랑하는 파트너와 헤어졌을 때 극도의 스트레스를 받는 것으로 나타났다. 온몸으로 방방 뛰며 불안감을 표출하고, 목이 쉬도록 울부짖으며 애원하고, 초점 없는 눈빛으로 먹이를 거부해도 끝내 원하는 것을 얻을 수 없을 때 자해로 불안감을 해소하기 시작한다.

동물도 이런데 사람은 오죽하겠는가. 이들 역시 더는 자신에게 주어진 고통을 어떻게 할 수가 없을 때 스스로 몸에 상처를 남기는 정형행동을 시작한다.

자신의 몸에 고통의 기록을 남기는 사람들에게 "정신력이 약하다" "약해 빠졌다" "도대체 뭐가 문제냐"라는 질문은 아무런 의미가 없다. 특히 마지막 질문은 "다른 사람은 다 괜찮은데 왜 너만 예민하게 구느냐" "왜 문제가 아닌데 문제를 만드느냐""네 생각이 틀렸다"라는 말과 다를 바 없다. 주변에 이런 사람이 있다면 다그치지 말고 전문가의 도움을 받도록 힘이 되어주어야 한다.

모든 사람은 경계에 위에 서 있다

무엇보다 우리는 "죽고 싶다"라는 이들의 말을 귀담아들을 필요가 있다. 앞서 이야기한 것처럼 이들은 죽고 싶은 게 아니라 지금처럼 살고 싶지 않을 뿐이다. 아이에게 접근하는 구렁이의 머리를 단번에 내려치듯 그렇게 우울의 구렁텅이에서 벗어나고 싶은데, 오히려 구렁이에게 숨통이 조여 옴짝달싹 못 하고 있으니 누구라도 와서 자신을 좀 도와달라고, 제발 좀 살려 달라고 외치고 있는 것이다.

우리 모두는 경계에 서 있는 사람들이다. 그래서 인간은 늘 정상과 비정상, 주류와 비주류, 능동적인 삶과 수동적인 삶, 혐오와 사랑, 삶과 죽음의 경계 어디쯤에서 서성인다. 사회는 경계에 선 사람을 애매하다고 말하거나 회색인간이라고 말하지만 그래서 오히려 오른쪽과 왼쪽, 위와 아래의 두 세계를 동시에 보는 시각을 가졌을 수도 있다. 그러니 자해를 한다고 해서 스스로를 비하하거나 포기하거나 혐오하지 마라.

혐오는 절대 우리를 구원해주지 않는다.

바나나는 어떻게
성범죄를 부추기게 되었나

얼마 전 재미있는 기사를 하나 보았다. 한 고등학교 교사가 임신과 출산 관련 수업의 일환으로 '콘돔 끼우기 실습'을 준비했다. 교사는 학생들에게 실습을 위해 바나나와 콘돔을 준비해 오라고 했는데, 이 사실을 알게 된 학부모들의 항의가 빗발쳐 해당 학교는 실습을 취소했다고 한다. 참고로 이 학교는 남녀공학이다.

해당 교사는 "피임은 교육 과정에 나온 내용이고, 아이들에게 정확한 콘돔 사용법에 대한 실습이 필요하다. 학생들이 오히려 이런 교육을 더 원한다"라는 입장을 내놓았지만, 일부 학부모는 "성범죄를 더 부추길 수 있다"라며 끝내 수업을 거부했고, 결국 교사는 이 수업을 진행할 수 없었다고 한다.

콘돔이 문제인 걸까? 바나나가 문제인 걸까? 10대 시절부터 성관계를 시작한 아이들이 문제인 걸까? '다른 애들은 몰라도 내 자식만은 그럴 리 없다'라고 생각하는 부모들의 판타지가 문제인 걸까? 무엇보다 도대체 언제부터 바나나가 성범죄를 부추기게 된 것일까?

남자에게 가장 매력적인 여자는
오늘 처음 만난 여자다

10대부터 성관계를 맺기 시작한 나현 씨. 당시 사귀던 동갑내기 남자친구와 첫 관계를 가진 뒤 성인이 된 지금은 데이트 앱을 통해 만난 사람들과 원나이트를 즐기고 있다. 그녀는 섹스는 하고 싶지만 연애는 하기 싫고, 남자는 좋지만 사랑은 싫다고 말한다.

"남자에게 가장 매력적인 여자는 오늘 처음 만난 여자

다"라는 말이 있는데, 나현 씨는 이 공식을 적절히 활용하고 있는 셈이다. 처음 만난 남자와 섹스하는 이유가 바로 '극진한 대접을 받는 느낌' '자신을 소중한 사람으로 대하는 느낌' 때문이다. 물론 개중에는 나현 씨를 함부로 대하는 개차반도 있지만 열에 아홉은 자신을 외롭지 않게 만들어준다는 것이다.

외동딸인 나현 씨는 부모의 맞벌이로 인해 어린 시절부터 유독 혼자 있는 시간이 많았다. 무슨 이유에서인지 학창 시절 동성 친구와는 제대로 된 관계를 형성하지 못했는데, 혼자 떨어져 시간을 보내는 그녀에게 먼저 손을 내민 것은 남사친이었다.

순수한 마음으로 위로의 손길을 내민 것인지, 목적을 두고 접근한 것인지 알 수는 없지만 어쨌든 사람들과 단절된 그녀를 세상과 이어준 유일한 창구가 바로 성性이었던 셈이다. 결국 나현 씨는 외롭던 자신에게 관심을 가져준 고마움을 섹스로 돌려주기 시작했다.

중독의 다른 이름, 결핍

지그문트 프로이트는 성sex을 단순히 인간의 본능으로만 보지 않는다. 애착관계나 사랑의 에너지로만 해석하지도 않는다. 그는 인간이 가지고 있는 여러 문제를 푸는 핵심 열쇠로 성을 지목했는데, 성에 대한 아픈 경험이 신경증을 만들어낸다고 봤다.

굳이 프로이트의 해석을 빌리지 않더라도 나현 씨에게 성은 단순한 섹스가 아니다. 그녀에게 성은 세상과 자신을 이어주는 연결고리이자, 자신이 온전히 받아들여지길 바라는 욕구를 채워주는 매개체다. 진료실에서 나현 씨와 같은 사람을 많이 만나는데, 이들은 공허함, 무기력함, 절망감, 상실감 등을 해소하기 위해 끊임없이 새로운 이성을 찾는다. 보통 사람들이 관계의 친밀성과 안정감으로 자신의 존재를 인정받는 데 반해 이들은 섹스라는 실체를 통해 결핍을 해결하려고 든다.

중독의 다른 이름은 결핍이다. 아무리 넓은 바다가 눈앞에

펼쳐져 있어도 그 물을 마실 수 없듯, 아무리 많은 이성과 잠자리를 해도 결핍이 채워지지 않는 한 이 문제는 해결될 수 없다. 이는 비단 나현 씨 개인만의 문제도 아니다.

나는 진료실에서 첫 경험의 수치심, 부모님에 대한 죄책감, 자신이 기대했던 것과 다른 성관계에 대한 고민을 토로하는 또 다른 20대의 나현 씨를 만난다. 출산 후 섹스리스가되어 남보다 못한 사이로 살고 있는 것에 대한 괴로움과 남편과의 관계에서 단 한 번도 만족을 느껴 본 적이 없다며 오르가슴이 뭔지도 모른채 죽는 건 너무 억울하지 않겠느냐고하소연하는 30대의 나현 씨를 만난다. 영화나 드라마에서 보는 불꽃같은 사랑을 꿈꾸는 40대의 나현 씨를 만나고, 더 늦기 전에 누군가의 아내, 누군가의 엄마라는 타이틀을 벗어던지고 오롯이 한 여성으로서의 정체성을 인정받고 싶다는50대의 나현 씨를 만나기도 한다. 그리고 나는 이런 사람들을 만날 때마다 '성적 자기결정권'이라는 단어를 떠올린다.

순결의 중요성, 수동적 여성상을 암묵적으로 강요하는 사회에서 자신의 성적 욕구를 당당히 드러낸다는 건 말처럼 쉬운 일이 아니다. 오죽하면 영국을 대표하는 페미니즘 작가 버지니아 울프Virginia Woolf조차 "하나의 육체로써 나 자신의 경험을 진실 그대로 말하는 것은 여전히 어려운 일이었다"라고 고백했을까.

"그건 하기 싫은데…", 성적 자기결정권

성적 자기결정권은 그 누구의 강요나 지배 없이 오직 자신의 의지와 판단대로 상대를 선택해 성관계를 가질 수 있는 권리를 말한다. 우리나라 현행법상 만 13세 이상은 자신이 원하는 상대와 성관계를 할 권리가 있고, 반대로 자신이 원하지 않는 성적 행위는 당당하게 거절할 수 있는 권리가 있다.

요즘 크고 작은 사회적 이슈로 성적 자기결정권에 대한 이야기가 많은데, 이 단어의 핵심은 모든 행위를 결정하는 주체가 '나 자신'이라는 데 있다. 상대가 무안할까 봐, 상대가 상처받을까 봐, 상대가 떠나갈까 봐, 상대를 만족시켜 주지 못할까 봐, 자신이 불이익을 당할까 봐 원치 않는 성관계에 동의해서는 안 된다는 말이다.

지금까지 성적 자기결정권에 대해 생각해 보지 않았다면 이번 기회에 꼭 한 번 정리하는 시간을 갖길 바란다. 이를 통해 안전한 성생활을 할 수 있기를, 온전한 만족감을 느낄 수 있기를 무엇보다 주체적으로 우뚝 설 수 있기를 소망한다.

바나나가 성범죄를 부추긴다고 생각하는 사람과 동시대를 살아가는 한 사람으로서 성적 자기결정권에 대해 이야기하고 있자니 코미디도 이런 코미디가 없다. 참고로 나는 바나나가 성범죄를 부추긴다는 누군가의 그 생각에 절대 동의하지 않는다. 아, 물론 이 역시 순수한 자기결정권에서 비롯된 생각이니 부디 오해 없기를.

살을 뺀다고
과연 모든 문제가 해결될까?

"다이어트를 한 번도 안 해 본 사람은 있지만, 단 한 번만 한 사람은 없다"라는 말이 있다. 어찌나 다양한 정보들을 갖고 있는지 의사인 나도 내담자들에게서 새로운 다이어트 정보를 들을 때가 많다. 문제는 정보의 정확도다.

그래서 내담자가 처음 병원에 방문하면 잘못된 정보를 바로잡는 데 상당한 시간이 소요된다. 그중 대표적인 것이 식욕억제제 처방과 관련된 내용이다. 폭식증을 고치고 싶다면서 "왜 식욕억제제 처방을 해주지 않는 건가요? 그것 때문에 온 건데…"라고 말하는 사람이 많은데, 이들에게 꼭 하고 싶은 말이 있다.

폭식증의 세 가지 유형 강박형, 충동형, 감정형

미국의 정신과 전문의인 다이엘 G. 에이멘Daniel G. Amen은 폭식증을 총 세 가지 유형으로 나누었다.

첫째, 강박형 폭식증이다. 이들은 음식을 입에 달고 산다. 항상 무언가를 먹고 싶다는 강박에 시달리는 사람들에게는 식욕억제제 역시 '먹어야 할 음식'이 될 수도 있다. 그래서 식욕억제제 처방 대신 세로토닌 호르몬을 통해 강박증을 치료한다.

둘째, 충동형 폭식증이다. 이들은 평소에는 식사를 적당히 하지만 스트레스를 받으면 폭식하는 모습을 보인다. 신경전달물질인 도파민에 중독된 경우에는 폭식과 함께 무기력증이나 가벼운 ADHD 증상이 나타나기도 한다. 이 유형에 해당하는 사람에게는 식사 계획meal planning을 세우도록 한 뒤, 이에 따른 식사를 권장한다. 일부 식욕억제제가 함유된 펜터민을 통한 자극은 피하도록 하고 있다.

셋째, 감정형 폭식증이다. 이들은 강박형과 충동형의 복합적 양상을 띤다. 한 가지 예로 일조량의 변화에 따라 감정이

요동칠 때 '감정형 과식'을 하는데, 저녁이 길어지는 겨울에 유난히 폭식하는 경우가 많다.

이런 경우에도 식욕억제제 처방은 하지 않는다. 과잉 감정으로 말미암아 폭식하는 사람에게 불안이나 우울감 등 감정 변화를 동반할 우려가 있는 처방은 대단히 위험하다. 게다가 그들이 원하는 펜터민, 펜디메트라진 계열의 약물은 내성이 강할 뿐 아니라 향정신성의약품으로 관리되고 있다.

이 정도면 "왜 식욕억제제 처방을 해주지 않는 건가요? 그것 때문에 온 건데…"라는 질문에 대한 답이 되었으리라고 생각한다. 식욕억제제는 다이어트를 위한 '만능 키'가 아니다. 식욕억제제로만 해결 가능한 다이어트는 그 어디에도 존재하지 않는다.

식욕을 자극하는 불안 요소 제거하기

평일에는 하루에 한 끼도 챙겨 먹지 못하면서 주말만 되면 일주일 분량의 음식을 털어 넣는 태희 씨는 감정형 폭식증을 앓고 있다. 그녀는 항공사에서 일하고 있는데 승무원에서 지상근무로 전환되었음에도 불구하고 여전히 비행기를 탔을 때의 습관에서 벗어나지 못하고 있다.

승무원으로 근무하다가 내근직으로 자리를 옮겼을 때 태희 씨가 가장 걱정한 것은 활동량이다. 체중의 변화가 생기는 게 두려워 끼니를 제대로 챙기지 못했다고 한다. 그렇다 보니 주말만 되면 식욕이 폭발해 냉장고에 있는 모든 음식을 입에 털어 넣는 상황에까지 이르렀다. 현재 그녀의 몸무게는 58킬로그램이다.

"제 몸무게가 58킬로그램이나 나가다니, 절대 있을 수 없는 일이에요. 하루라도 빨리 원래 몸무게인 48킬로그램으로 돌아가야 해요."

"그러려면 태희 씨의 감정 기복부터 다잡아야 해요."

태희 씨의 바람대로 살을 빼려면 우선 그녀의 식욕을 자극하는 감정 기복부터 다잡아야 한다. 하지만 안타깝게도 그녀 주변에는 감정을 자극할 만한 요인이 너무도 많다. 첫 번째 요인은 건강이다. 그녀가 승무원에서 지상근무로 전환한 이유는 허리 디스크 때문이다. 하지만 여전히 정상 컨디션을 회복하지 못하고 있다. 두 번째 요인은 사람들의 시선이다. '항공사에 다닌다'라고 하면 당연히 '승무원일 것'이라고 여기는 사람들의 시선도 스트레스다. 마지막으로 동료들이다. 늘씬한 몸으로 비행을 나가는 동료들의 모습을 볼 때마다 태희 씨는 부러운 마음을 감출 수 없다.

덴마크의 저명한 심리상담가 일자 샌드Ilse Sand가 쓴 《서툰 감정》을 보면 "여자들은 종종 슬픔의 모자를 쓰고 그 밑에 다른 감정들을 감춘다"라는 구절이 나온다. 식탐도 이와 비슷하다. 식탐이라는 모자 밑에 숨어 있는 진짜 감정을 찾아야만 문제 해결이 가능해진다.

예를 들어 태희 씨는 체중 증가의 원인을 자기관리 소홀로 돌리고 있는데, 이는 사실이 아니다. 그녀를 감정형 폭식으로 몰아넣은 것은 의지가 아니라 자책감, 불안감, 박탈감 등의 감정이다.

실제로 "제 자신에게 너무 화가 나요. 이렇게 되도록 뭐 했는지 모르겠어요"라고 하소연하는 그녀는 매일 아침마다 쉽게 내려가지 않는 체중계의 숫자를 보며 좌절감에 허덕인다. 저녁이라고 다를 바 없다. 매일 저녁 그녀는 '다시는 비행을 하지 못하리라'는 불안감과 '쉽게 체중을 줄일 수 없으리라'는 절망감으로 쉽게 잠을 이루지 못하고 있다.

몸무게 45킬로그램의 함정

그녀의 불안을 해결하기 위해 가장 먼저 해야 할 일은 희망 체중을 점검하는 것이다. 많은 사람이 자신의 키는 생각하지 않고 사람들이 예쁘다고 생각하는 몸무게를 자신의 희망 몸무게로 결정한다. 키가 170센티미터인 사람이나 150센티미터인 사람이나 45~50킬로그램대의 몸무게를 원한다. 이는 현실적이지 않을뿐더러 자신에게 어울리는 체중도 아니다. 급격히 살이 찐 사람은 '본래 체중'으로 쉽게 돌아갈 수 있지만 평생 살과 전쟁을 벌여 온 사람은 다르다.

현실적으로 감량이 불가능한 목표를 세우면 불안만 높아진다. 다이어트 성공의 핵심은 현실 가능한 감량 목표를 설정하는 것이다.

두 번째, 몸무게 하나로 모든 욕구를 충족하려는 무모함을 견제해야 한다. 살을 뺀다고 모든 문제가 해결되지 않는다. 이게 팩트다. 태희 씨의 경우 이전 몸무게로 돌아간다고 해도 건강이 회복되지 않는 이상 다시 비행을 할 수 없다. 체중 감량이 된다고 해서 비행하고 싶다는 욕구가 해결되지 않는다는 말이다. 따라서 비행을 대체할 수 있는 다른 목표를 설정해야 한다.

세 번째, 다이어트 프레임을 빼기에서 더하기로 바꿔 보는 것이다. 그동안은 '어떻게 해야 살을 뺄 수 있을까'에 몰두했다면 지금부터는 '무엇을 더해야 내 몸을 건강하게 만들 수 있을까'라는 생각이 필요하다.

"무엇이 나를 행복하게 만들어줄까?"

"나는 어떤 것에 애착을 갖고 있을까?"

"어떤 음식을 먹어야 내 몸이 건강해질까?"

"언제 내 몸과 마음이 편히 쉴 수 있는 곳에 다녀왔을까?"

이런 식으로 자신을 행복하게 만드는 일에 주의를 집중하면 저절로 심리적 포만감을 느끼게 된다. 행복 호르몬인 도파민과 세로토닌이 분비되기 때문이다. 참고로 도파민에는 포만중추를 자극시키는 기능도 있다.

식욕은 내 탓이 아니라 뇌 탓이다

지금 이 순간에도 본능의 뇌변연계와 이성의 뇌전전두엽는 끊임없는 전쟁을 벌이고 있다. 다이어트 중이니 '먹지 말라'는 이성의 뇌와 '나는 저것을 먹고야 말겠어'라는 본능의 뇌가 싸움을 벌이는 것이다.

그러니 다이어트가 힘들면 내 탓이 아니라 뇌 탓을 하라. 폭식은 대부분 식욕을 느끼도록 하는 뇌의 중추에서 발생한 문제로 시작된다. 계속 먹어도 배고픈 사람은 식욕을 조절하는 뇌의 회로에 문제가 있는 경우가 많다. 이런 경우 반드시 전문가의 도움을 받아야 한다. 무조건 식욕억제제로 문제를 해결하는 게 아니라 자신의 상황에 맞는 처방을 통해 감정의 허기를 다스려야 한다. 먹는 것 하나 마음대로 조절하지 못하는 자신의 의지를 탓해서는 안 된다.

사람은 누구나 우울감이나 무력감을 느끼면 짜고 매운 음식을 찾게 되고, 불공평한 일을 겪거나 화가 치솟으면 달달한 디저트를 찾게 되고, 외롭고 허전하다는 생각이 들면 추억의 음식을 떠올리며 자신의 마음을 달래주려고 한다. 여기서 포인트는 음식이 아니라 그 음식을 찾게 만든 주된 감정이다. '마음의 배고픔', 심리적 허기를 느끼게 하는 감정을 알아차리고 이를 달래주어야만 폭식의 굴레에서 벗어날 수 있다.

선결제·후노동
: 나는 결제한다, 고로 노동한다

강연을 다니다 보면 여러 분야의 전문가를 만나 짧게나마 대화를 나눌 기회가 많다. 얼마 전, 한 합동 강연회에서 고액자산관리사인 재테크 강연자를 만났다. 이런저런 이야기를 나누던 중 그가 최근 취업에 성공한 큰 아들과 나눈 대화를 들려주었다.

"취업했다고 자동차 사고, 시계 사고, 여행 다니면 무슨 돈으로 저축할래? 그래서 언제 독립하려고?"

"독립? 그걸 왜 해? 엄마 아빠 돈으로 살아야지."

"뭐라고?"

"아무튼 내 월급은 욕심 내지 마세요. 지금부터 월급 모아서 부동산에 투자할 거예요. 그 돈으로 경제적 자유를 누리며 사는 게 꿈이거든요."

그의 아들은 아빠처럼 날마다 출퇴근하는 삶은 자신이 원하는 삶이 아니라는 말도 덧붙였다고 한다.

적게 일하고 많이 벌고 싶어요

요즘 진료실에서 가장 많이 듣는 말이 바로 "적게 일하고 많이 벌고 싶어요" "회사에 출근하지 않고 경제적 자유를 얻고 싶어요"다. 솔직히 나도 그러고 싶다. 나도 적게 일하고 많이 벌 수 있으면 좋겠다. 병원에 출근하지 않고도 먹고 살 수 있으면 정말 좋겠다. 그러나 나는 오늘도 진료실에 앉아 있어야만 한다. 병원을 운영하지 않으면 내게 월급을 줄 사람이 없기 때문이다.

이건 매우 중요한 포인트다. 우리가 그렇게 바라는 요행이나 우연, 경제적 자유는 거저 주어지는 게 아니다. 그렇다면 돈을 어떻게 관리할 것인지가 중요하다.

먼저 2030세대는 근시적인 돈보다 미시적인 부에 관심을 가질 필요가 있다. 돈이 직접 만질 수 있는 화폐라면 부는 돈에 대한 습관 즉 '돈을 벌고, 소비하고, 손해 보고, 모아 본 경험의 총합'이다.

이제 막 사회생활을 시작한 사람은 매월, 매년 벌 수 있는 금액이 크지 않거니와 돈과 관련된 경험도 미숙하다. 부자가 되기 위해 많은 사람이 주식과 부동산에 불나방처럼 뛰어들고 있지만 성공하는 사람은 극소수이지 않던가. 모든 일이 그렇지만, 특히 돈은 준비되지 않은 자에게 스스로를 허락하지 않는다. 혹시 운이 좋아서 큰돈을 벌었다고 해도 결과적으로 독이 되는 경우가 더 많다. 그래서 부는 "돈을 대하는 자세의 심리적 누적분이다"라고 말할 수 있다.

이제 와서 고백하지만 나 역시 돈과 관련해 숱한 시행착오를 겪었다. 돈에 대한 개념도 없고 사업에 대한 이해도는 더더욱 없는 30대 초반에 병원을 개업했으니 더 말해 무엇하겠는가. 경제 전문가는 아니지만 그간의 시행착오와 진료실에서 만난 사람들의 고민을 종합해 돈을 어떻게 관리할 것인지에 대한 이야기를 정리해 보려고 한다.

첫 번째, 돈은 부로 가는 단위일 뿐 그 이상도 이하도 아니다. 돈은 버스나 지하철처럼 부로 가는 '이동수단'일 뿐, 우리가 도착해야 할 최종 목적지는 아니라는 점을 우선 명확히 해야 한다.

개인 병원을 개업한 한 후배의 이야기다. 개업 초기 그는 '한 달에 고객을 ○명 늘리겠다'라는 목표를 세웠다. 병원 운영 방침을 고객 증가와 매출 증대로 잡은 그는 경영대학원까지 다니는 열의를 보였다. 그런데 어느 순간 눈에 띄게 환자가 줄어 들었다. '저 병원은 손님을 돈으로 본다'라는 소문이 퍼지기 시작한 것이다.

결국 그는 '고객＝돈'으로 계산하던 기존의 방식을 버리고, 고객을 '내게 복을 주러 온 사람'이라고 생각하기 시작했다. 그제야 병원은 안정을 되찾았고, 얼마 지나지 않아 그 지역에서 손님이 가장 많은 병원이 되었다고 한다.

그가 자신의 목표를 돈에서 사람으로 수정하지 않았다면 지금 같은 결과는 기대하기 어려웠을 것이다.

인생은 돈과 시간을 쓰는

방법에 따라 결정된다

두 번째, 유의미한 돈을 모았거나, 돈이 조금 모였다는 생각이 들 때 적색경보를 켜야 한다. 디드로 효과Diderot effect 때문이다.

프랑스의 철학자 드니 디드로Denis Diderot는 어느 날 지인으로부터 세련된 가운 하나를 선물 받았다. 이리 봐도 고급스럽고, 저리 봐도 예쁜 가운을 보며 흐뭇하던 것도 잠시, 가운을 벽에 걸어 놓고 보니 어쩐 일인지 서재의 가구들이 낡고 초라하게 느껴졌다. 낡은 가구들 때문인지 선물 받은 가운이 촌스럽게 보일 지경이었다.

결국 디드로는 선물 받은 가운에 어울릴 만한 새 가구로 서재를 하나둘 채워 나가기 시작했다. 이처럼 깃발이 되는 물건을 구입한 뒤 그 물건에 어울릴 만한 물건을 계속 구매하는 현상을 '디드로 효과'라고 부른다.

월급을 받든, 자기 사업을 해서 돈을 벌든 일정 수준의 돈을 벌게 되면 생필품과 사치품의 퀄리티가 올라가기 시작한다. 큰맘 먹고 가방 하나를 사고 보니 그에 어울릴 만한 옷이 없고, 옷을 사고 보니 구두를 사야 하고, 구두를 사고 나니 시계가 눈에 들어오는 식이다. 이런 상황이 되면 몸에 두르고 걸치는 모든 물건의 레벨이 올라간다. 이사도 마찬가지다. 한 내담자는 이사 간 전셋집 벽지와 자신이 가지고 있던 기존의 가전제품이 어울리지 않는다는 이유로 에어컨, 냉장고, TV를 모두 교체했다.

만약 당신에게 이러한 디드로 효과가 나타날 징조가 보이면 스스로 적색경보를 켜고 반드시 소비 패턴을 점검해 봐야 한다. 그렇지 않으면 경제적 자유는커녕 카드 값에 끌려다니는 후불인생을 살게 될 것이다.

가상 소득, 미래 소득의 함정

세 번째, 소득 가설permanent income hypothesis을 세워야 한다. 소득 가설은 어쩌다 들어오는 보너스나 성과급 등 임시 소득이 아닌 매달 통장에 찍히는 고정 수입, 즉 '항상 소득'에 준하여 경제 활동을 해야 한다는 이론이다.

그런데 요즘에는 항상 소득이 아닌 임시 소득, 아니 생기지도 않은 미래 소득을 자신의 실제 소득이라고 생각하는 사람이 많다. 진료실에서 만난 사람들 가운데 상당수가 "이번에 카메라를 사서 알바를 해야 해요" "지난달 호주 여행을 다녀와서 카드 값이 장난 아니게 나왔어요. 꼼짝없이 6개월 동안 알바를 해야 할 것 같아요"라는 식의 이야기를 한다. 자발적으로 선결제, 후노동을 선택하고 있는 것이다. 분명하게 말하지만 돈을 써야 할 시점은 계약서에 도장을 찍을 때, 알바를 시작할 때가 아니라 돈이 내 통장에 입금된 이후여야 한다.

젊음이 영원할 것 같지만 그 기간은 길어야 20~30년이다. 아무런 경제적 준비 없이 남은 50년을 무엇으로 버티려고 하는가? 부모님이 물려줄 재산 역시 내 손에 쥐기 전까지는 내 것이 아니다.

소유하고 싶은 것, 소비하고 싶은 것을 무조건 뒤로 미루라는 이야기가 아니다. 다만 자기 손에 쥐어진 예산 안에서 움직이라는 말이다. 결국 인생은 돈과 시간을 쓰는 방법에 따라 전혀 다르게 결정된다. 이 두 가지를 잘못 사용한다면 결코 행복해질 수 없다. 후불인생이 아니라 선불인생을 목표로 삼고 돈에 대한 생각을 바로 세워야 한다. 이는 분명 '부의 판'을 키워 나가는 데 큰 도움이 될 것이다.

마요네즈 병의
심리학

외국의 한 철학 수업 시간, 담당 교수가 투명한 마요네즈 병
을 교탁 위에 올려놓았다. 그는 병 안에 골프공을 가득 넣은
뒤 학생들에게 "이 병이 꽉 찬 것으로 보입니까?"라고 물었
다. 학생들은 "네"라고 대답했다.

　잠시 후 교수는 골프공으로 가득 찬 마요네즈 병에 작은
조약돌을 채워 넣기 시작했다. "어때요? 이 병이 가득 찬 것
으로 보이나요?" 학생들은 이번에도 '병이 가득 채워졌다'라
고 답했다. 그러자 교수는 빙긋 웃으며 마요네즈 병에 고운
모래를 채워 넣기 시작했다. 학생들은 이번에야말로 병이 가
득 찼다고 확신했다.

하지만 교수는 마요네즈 병에 커피를 흘려 넣은 후에야 비로소 뚜껑을 닫기 시작했다.

"저는 이 마요네즈 병이 여러분의 인생임을 알았으면 합니다. 모든 인생에는 우선순위가 있지요. 제가 가장 먼저 병에 넣은 골프공은 우리 인생에서 매우 중요한 것을 뜻합니다. 가족, 자녀, 친구, 건강, 열정 등이 바로 그것입니다. 다른 것들이 사라지고 이것만 남는다고 해도 여러분의 인생은 여전히 꽉 차 있을 겁니다.

다음에 넣은 조약돌은 인생의 걸림돌을 뜻합니다. 직업, 집, 차, 대출 같은 것이죠. 모래는 그 외 모든 것, 작은 문제를 뜻합니다. 그런데 이 병에 모래부터 넣었다면 조약돌이나 골프공이 들어갈 자리는 없었을 겁니다."

교수는 학생들에게 '삶의 우선순위'를 말하고 싶었던 것이다. 이를 도표화해서 스스로에게 적용시켜 보면 나 자신도 모르고 있었던 삶의 우선순위가 자연스럽게 정리된다.

그런데 '마요네즈 병에 채우고 싶은 항목'을 직접 작성해 보면 골프공은 한 개도 채우지 못하고 무수한 모래알만 적어

마요네즈 병에 채우고 싶은 항목
골프공: 진로, 종교, 가치관, 선택, 결혼, 아이, 건강, 감정 관리
조약돌: 차량, 주거 형태, 학업, 운동, 취미생활
모래알: 성형, SNS, 인맥, 쇼핑, 관계에서의 기 싸움, 해외여행 등

내 마요네즈 병에 채우고 싶은 항목	
나의 골프공 (10년 뒤에도 의미를 주는 항목)	
나의 조약돌 (1년 정도 의미를 주는 항목)	
나의 모래알 (지금 당장 의미를 주는 항목)	

내는 사람이 태반이다. 매일 저녁 잠자리에 누워 내일 일은 걱정하지만 그 이상의 미래는 잘 생각하지 않기 때문일까? 아니면 말초신경을 자극하는 즐거움이 너무 많아 내일을 생각할 겨를이 없는 것일까?

어느 책에서 보니 부자일수록 '시간조망의 권리'를 누린다고 한다. '얼마나 먼 미래까지 시선을 던져 관심을 둘 수 있느냐'라는 관점인데, 생계에서 자유로운 몇몇 부자만이 누리는 특권이라고 한다.

오늘 당장 먹고 사는 문제를 고민하는 사람에게 10년 후를 그려보라고 하면 너무 막막할 것이다. 하지만 지금도, 10년 후에도 우리 인생의 중요한 가치는 크게 달라지지 않을 것이다. 미래가 보이지 않는다고 해서 마요네즈 병에 모래를 먼저 넣어으면 인생에서 가장 중요한 골프공을 넣을 수 없다. 이 우선순위를 지키지 못하기 때문에 많은 사람이 자신의 인생이 '텅 비었다' '알맹이가 없다' '껍데기만 남았다'라고 자조하는 것이다.

사랑은 이벤트가 아닌 일상이다

오래된 4층짜리 연립주택에 사는 여성이 있었다. 그녀는 네 식구가 반지하에 사는 게 부끄러워 남자친구에게 자신의 집을 4층이라고 속였다. 데이트를 한 뒤 남자친구가 집에 데려다주는 날이면 그녀는 지하 계단이 아닌 주인이 살고 있는 지상 계단으로 발걸음을 옮겼다. 남자친구가 4층까지 계단 등이 다 켜지는 것을 확인한 뒤에야 집으로 돌아갔기 때문이다.

복도 창문에서 남자친구에게 손을 흔들어 준 뒤 그녀는 다시 불이 꺼진 4층 계단에 앉아 엉엉 울었다. 남자친구에게 솔직하게 말하지 못한 자신이 미웠고, 사랑마저 가난하게 만드는 자신의 처지가 서러웠던 것이다.

그해 추석, 그녀의 집으로 한우 선물세트가 도착했다. 남자친구가 보낸 추석 선물이었다. 자신에게 사실을 털어놓을 타이밍을 놓쳤다고 생각한 남자친구가 센스 있게 말할 기회를 만들어준 것이다. 한우는 맛있었냐고 물으며 손을 꼭 잡아주는 남자친구를 보며 사랑에 대한 생각이 바뀌었다는 그녀.

"제가 가장 싫어하는 스타일의 남자였어요. 옷도 못 입고 이벤트도 해줄지 모르고. 근데 선생님, 사랑은 이벤트가 아니라 일상이더라고요."

하찮음의 하찮음에 대하여

진료실에서 만나는 사람들은 말한다. 내 세상과 그의 세상을 모두 뒤집어 놓았던 불꽃같은 사랑의 결말을 나 혼자 지켜봐야 한다는 것, 인생에 대단한 게 기다리고 있을 것 같지만 컨트롤 c＋컨트롤 v의 일상이 전부라는 것, 그래서 이 보잘것없는, 별 볼일 없는 하찮음이 더 견디기 힘들다는 것, 그리고 그렇게 욕하던 꼰대들의 생각이 조금은 이해가 되고 어느새 내가 답습하고 있다는 것을 깨닫게 되는 게 인생이라고 말이다.

이쯤 되면 인생의 우선순위를 다시 생각할 수밖에 없다. 내 인생의 마요네즈 병에 어떤 골프공을 넣을 것인지를 정리해야 한다. 이런 이야기를 하면 대부분의 사람은 "당장 내일 어떻게 될지도 모르는데 10년 후를 어떻게 생각할 수 있겠느냐"라고 되묻는다.

현실이 힘들수록 10년 후를 생각하는 게 도움이 되는 경우가 많다. 비루한 현실에서 벗어나기 위해 미래의 계획으로 도망치는 것이다. 이는 현실과 미래를 양립시키는 방법이 되기도 한다.

믿기지 않겠지만 막연한 꿈을 이룰 '언젠가'가 오늘이 되는 순간이 온다. 이런 기적이 일어날 수 있는 것 또한 우리 인생이다. 당신은 자신의 삶에 어떤 기적이 일어나길 바라는가. 그 기적을 만나기 위해 인생이라는 마요네즈 병에 무엇부터 채워 넣을 것인가.

내가 예민한 게 아니라
네가 너무한 거야

2020년 9월 14일 1판 1쇄 발행
2022년 9월 5일 1판 7쇄 발행

지은이 | 유은정
펴낸이 | 이종춘
펴낸곳 | (BM)(주)도서출판 성안당
주소 | 04032 서울시 마포구 양화로 127 첨단빌딩 3층(출판기획 R&D 센터)
       10881 경기도 파주시 문발로 112 파주 출판 문화도시(제작 및 물류)
전화 | 031)950-6367
팩스 | 031)955-0510
등록 | 1973.2.1. 제406-2005-000046호
출판사 홈페이지 | www.cyber.co.kr
ISBN | 978-89-315-9002-9 03180
정가 | 15,000원

이 책을 만든 사람들

책임 | 최옥현
기획·편집 | 김수연, 이보람
교정 | 김미경   디자인 | 엘리펀트스위밍   국제부 | 이선민, 조혜란, 권수경
마케팅 | 구본철, 차정욱, 오영일, 나진호, 강호묵   온라인 마케팅 | 박지연
홍보 | 김계향, 이보람, 유미나, 이준영   제작 | 김유석

■도서 A/S 안내

성안당에서 발행하는 모든 도서는 저자와 출판사, 그리고 독자가 함께 만들어 나갑니다.
좋은 책을 펴내기 위해 많은 노력을 기울이고 있습니다. 혹시라도 내용상의 오류나 오탈자 등이 발견되면 "좋은 책은 나라의 보배"로서 우리 모두가 함께 만들어 간다는 마음으로 연락주시기 바랍니다. 수정 보완하여 더 나은 책이 되도록 최선을 다하겠습니다.
성안당은 늘 독자 여러분들의 소중한 의견을 기다리고 있습니다. 좋은 의견을 보내주시는 분에게는 성안당 쇼핑몰의 포인트(3,000포인트)를 적립해 드립니다.

잘못 만들어진 책이나 부록 등이 파손된 경우에는 교환해 드립니다.